周禮

卷　叁（共叁卷）

图书在版编目(CIP)数据

儒学经典 / 吕友仁等注译. -- 郑州 : 中州古籍出版社, 2012.9
(国学典藏)
ISBN 978-7-5348-3883-5

Ⅰ. ①儒… Ⅱ. ①吕… Ⅲ. ①儒学 Ⅳ. ①B222

中国版本图书馆 CIP 数据核字(2012)第 146781 号

国学典藏—儒学经典

出 版 社：中州古籍出版社
（地址：郑州市经五路 66 号　邮政编码：450002）
发行单位：新华书店
承印单位：山东齐鲁古籍印务有限公司
开　本：880mm×1230mm　1/16　印　张：247.75
字　数：845 千字　印　数：2000 册
版　次：2012 年 9 月第 1 版　印　次：2012 年 9 月第 1 次印刷

定价：1424.00 元（一函十一卷）
本书如有印装质量问题，由承印厂负责调换，电话：0539-2216386。

近思録

卷壹（共贰卷）

【原文】

槀人

槀人掌受財於職金，以齎其工。弓六物爲三等，弩四物亦如之。矢八物皆三等，箙亦如之。春獻素，秋獻成。書其等以饗工。乘其事，試其弓弩，以下上其食而誅賞。乃入功於司弓矢及繕人。凡齎財與其出入，皆在槀人，以待會而攷之，亡者闕之。

【译文】

槀人的职责是掌管从职金那里领来钱财，将这些钱财发给工匠，让他们去购买制造弓弩矢箙的原材料。弓有六种，分为三等；弩有四种，也分为三等；矢有八种，也分为三等；箙也分为三等。春天，要拿出矢箙的半成品来；秋天，要拿出矢箙的成品来。将每个工匠所制成品的质量等级记录在案，并按照其质量等级发给不同的酒肴以示慰劳。统计他们做成的弓弩矢箙的数量和等级，测试他们做成的弓弩，如果测试结果好，就增加他们的薪金，如果测试结果特别好，还要奖赏他们；反之，就要减少他们的薪水，甚至处罚他们。然后将制成的弓弩矢箙送交司弓矢及缮人。凡是发给工匠的钱财以及弓弩矢箙的收进和上交，所有这些账本都由槀人负责，以备统计核查，而损耗的弓弩矢箙可以不在账面上显示。

【原文】

戎右

戎右掌戎車之兵革使，詔贊王鼓，傳王命於陳中。會同，充革車；盟，則以玉敦辟盟，遂役之。贊牛耳、桃茢。

【译文】

戎右的职责是作为天子戎车的车右，掌管执行天子有所诛杀的命令，不但告诉天子何时应当击鼓，而且帮助天子击鼓，将天子的命令高声宣布，使阵中将士都能听到。天子参加会同时，天子自乘金路，戎右要站在革路的左边乘革路随行；到了歃血为盟时，则手执盛有牲血的玉敦，打开玉敦盖子，从主盟者开始，让每一个与盟者依次歃血。天子在割牛耳取血时，在用桃茢扫除不祥时，戎右都要搭把手。

【原文】

齊右

齊右掌祭祀、會同、賓客前齊車，王乘則持馬，行則陪乘。凡有牲事，則前馬。

【译文】

齐右的职责是掌管祭祀、会同、宾客时，站在金路的前面等候天子上车，天子上车以后则牵

牢马笼头不使乱动，金路开动以后则作为车右与天子同车。天子在路上遇到供祭祀用的牛要凭轼致敬，每逢这种情况，齐右就要下车在马的前面倒退而行，防止马惊奔。

道右

【原文】

道右掌前道車。王出入則持馬陪乘，如齊車之儀。自車上諭命於從車，詔王之車儀。王式，則下，前馬；王下，則以蓋從。

【译文】

道右的职责是掌管站在象路的前面等候天子上车。天子乘象路出出进进，上车以后则牵牢马笼头不使乱动，车子开动以后则作为车右与天子同车，就像齐右所做的那样。把天子在象路上所下的命令晓谕给随从臣子所乘之车，告诉天子乘象路时的礼仪。凡是天子凭轼致敬的时候，道右就要下车，在马的前面倒退而行；凡是天子下车，就要手举车盖紧随天子。

大馭

【原文】

大馭掌馭玉路以祀。及犯軷，王自左馭；馭下，祝，登，受轡，犯軷，遂驅之。及祭，酌僕，僕左執轡，右祭兩軹，祭軓，乃飲。凡馭路，行以《肆夏》，趨以《采薺》。凡馭路儀，以鸞和爲節。

【译文】

大驭的职责是掌管驾驭天子所乘的玉路以便天子前去祭祀。等到在城外要举行軷祭时，天子从左边暂代大驭执辔驾驭；大驭则下车，向路神祝告一通，然后上车，从天子手里接过辔，从车前的土堆和磔犬上碾压而过，就长驱而去。在祭祀路神的时候，天子让人给大驭斟酒，大驭接过酒以后，左手执辔，右手用酒先祭左轵，接着祭右轵，接着又祭车轼之前，然后自己一饮而尽。凡驾驭天子所乘的车，在从路寝到路门这一段路徐行时，要合着《肆夏》乐曲的节拍；在从路门到应门这一段路急趋时，要合着《采荠》乐曲的节拍。凡是在应门以外驾驭天子所乘的车的快慢规矩，是以前后呼应的鸾铃和铃的响声作为节拍。

戎僕

【原文】

戎僕掌馭戎車。掌王倅車之政，正其服。犯軷，如玉路之儀。凡巡守及兵車之會，亦如之。掌凡戎車之儀。

【译文】

戎仆的职责是掌管驾驭天子的戎车。掌管天子戎车副车的政令，使所有乘副车者的服装整齐划一。出行时也要举行軷祭，其仪式就像天子乘玉路出行时那样。凡天子巡守以及有征讨之事而聚合诸侯，也是这样。掌管所有兵车的礼仪。

【原文】

齊僕

齊僕掌馭金路以賓。朝覲、宗遇饗食，皆乘金路，其灋儀各以其等爲車送逆之節。

【译文】

齐仆的职责是掌管驾驭天子自乘的金路以便天子接待宾客。天子凡因诸侯之朝觐、宗遇而在宗庙设宴招待，都要乘金路迎宾送宾，其礼仪是按照宾客爵位的等级来决定车子迎送的距离。

【原文】

道僕

道僕掌馭象路，以朝夕、燕出入，其灋儀如齊車。掌貳車之政令。

【译文】

道仆的职责是掌管驾驭天子自乘的象路，好让天子早晚上朝和负责游玩观赏的出入，其礼仪与驾驭斋车一样。掌管象路副车的政令。

【原文】

田僕

田僕掌馭田路，以田以鄙。掌佐車之政，設驅逆之車，令獲者植旌，及獻，比禽。凡田，王提馬而走，諸侯晉，大夫馳。

【译文】

田仆的职责是掌管驾驭天子自乘的畋路，以便天子畋猎，以便天子巡行畿内。掌管畋路副车的政令。天子畋猎时，畋仆负责设置驱逆之车，竖起旌旗，使人们知道在什么地方缴纳猎获的禽兽；等到猎获者交来禽兽时，要把猎获的禽兽分类，清点一下数目。凡畋猎，为天子驾车追赶禽兽时，要使人牵着马，使马首昂起而缓行；为诸侯驾车追赶禽兽时，要使人牵着马，使马首微垂而疾行；为大夫驾车追赶禽兽时，就不需要使人牵着马而要任其奔驰。

【原文】

馭夫

馭夫掌馭貳車、從車、使車。分公馬而駕治之。

【译文】

驭夫的职责是掌管驾驭天子五路的所有副车、随行群臣所乘之车以及奉王命出使者所乘之车。每个驭夫都要分一部分公家的马以训练其驾车。

【原文】

校人

校人掌王馬之政。辨六馬之屬，種馬一物，戎馬一物，齊馬一物，道馬

一物，田馬一物，駑馬一物。凡頒良馬而養乘之：乘馬一師四圉；三乘爲皁，皁一趣馬；三皁爲毄，毄一馭夫；六毄爲廄，廄一僕夫；六廄成校，校有左右。駑馬三良馬之數；麗馬一圉，八麗一師，八師一趣馬，八趣馬一馭夫。天子十有二閑，馬六種；邦國六閑，馬四種；家四閑，馬二種。凡馬，特居四之一。春祭馬祖，執駒；夏祭先牧，頒馬，攻特；秋祭馬社，臧僕；冬祭馬步，獻馬，講馭夫。凡大祭祀、朝覲、會同，毛馬而頒之。飾幣馬，執撲而從之。凡賓客，受其幣馬。大喪，飾遺車之馬；及葬，埋之。田獵，則帥驅逆之車。凡將事於四海、山川，則飾黄駒。凡國之使者，共其幣馬。凡軍事，物馬而頒之。等馭夫之禄，宫中之稍食。

【译文】

校人的职责是掌管王马的挑选、饲养、调教等事。辨别六种马匹的类别：种马为一类，戎马为一类，齐马为一类，道马为一类，畋马为一类，驽马为一类。凡是向自己的部下分发良马并责成部下养好它们、教会它们驾车时，其办法是：四匹马为一乘，每乘设置一个圉师、四个圉人来负责；三乘为一皂，每皂设置一个趣马来负责；三皂为一系，每系设置一个驭夫来负责；六系为一厩，每厩设置一个仆夫来负责；六厩为一校，校又分为左校、右校。驽马的数目是良马的三倍，一对驽马为一丽，每丽设置一个圉人来负责；六丽驽马，设置一个圉师来负责六个圉师所养的驽马，设置一个趣马来负责；六个趣马所养的驽马，设置一个驭夫来负责。天子的马厩有十二个，有马六种；诸侯的马厩是六个，有马四种；大夫之家的马厩是四个，有马两种。凡是驾车的马，雄马总是占四分之一。春天要祭祀马祖，发情期间把幼驹看管起来；夏天要祭祀先牧，将马驹分发给卿大夫，阉割雄马；秋天要祭祀马社，教练驾驭五路的仆夫，使皆技艺娴熟；冬天要祭祀马步，进献已经调教好的马匹，挑选并训练驭夫。凡大祭祀、大朝觐、大会同，配齐相同颜色的四马，分发给应当套车的人，刷洗干净作为馈赠礼品的马匹，手执马鞭跟在后面。凡有宾客前来朝聘，负责接受他们进献的作为礼品的马匹。遇到天子、王后或太子去世，负责装饰拉遣车的马匹；等到下葬的时候，将这些用草扎成的马埋入墓中。遇到畋猎，则率领驱逆之车。凡是天子巡守四方祭祀途经的大山大川，则负责刷洗用作牺牲的黄驹。凡是奉王命出使的人，供给其用作礼品的马匹。凡有军事行动，负责把套在一辆车上的四匹马配得毛色相同、力量相同、脚力相同，然后分发出去。负责调整仆夫、驭夫、趣马的俸禄，调整圉师、圉人等负责养马者的月薪。

【原文】

趣　馬

趣馬掌贊正良馬，而齊其飲食，簡其六節。掌駕説之頒。辨四時之居治，以聽馭夫。

【译文】

趣马的职责是掌管帮助校人养好良马，调理良马的饮食，挑选王马以为六等。掌管哪些马该驾车、哪些马该休息的次序。辨别四时之中养马的不同地点以及对马的处置，以听从驭夫的指挥。

巫馬

【原文】

巫馬掌養疾馬而乘治之，相醫而藥攻馬疾，受財於校人。馬死，則使其賈粥之，入其布於校人。

【译文】

巫马的职责是掌管饲养生病的马，牵着病马遛遛转转，观察症状所在，然后对症治疗，帮助手下的医者用药治疗马疾，从校人那里领取所需钱财。如果马死了，就让手下的贾将马皮、马骨卖掉，所得的钱上交校人。

牧師

【原文】

牧師掌牧地，皆有厲禁而頒之。孟春焚牧，中春通淫。掌其政令。凡田事，贊焚萊。

【译文】

牧师的职责是掌管牧地，从中划出牧马的区域，皆设置栅栏，禁止闲人出入，而后将马分给圉人使其放牧。孟春正月，焚烧牧地的陈草，使新草生长；仲春二月，使雄马雌马交配。掌管牧地的政令。凡有畋猎之事，就帮助山虞、泽虞焚烧草莱。

廋人

【原文】

廋人掌十有二閑之政教，以阜馬，佚特，教駣，攻駒及祭馬祖，祭閑之先牧及執駒，散馬耳，圉馬。正校人員選。馬八尺以上爲龍，七尺以上爲騋，六尺以上爲馬。

【译文】

廋人的职责是掌管天子十二厩马匹的政令教治，以使马匹盛壮，用之不使过劳，马长到三岁就开始教它练习驾车，将喜欢乱踢乱咬的马驹骟一下，祭祀马祖、祭祀先牧，将发情期间幼驹看管起来，用聒噪的声音训练马耳使其养成遇到噪声也不震惊的习惯，教导圉人养马。审定圉师、圉人的后备人选。马高八尺以上谓之龙，马高七尺以上谓之騋，马高六尺以上谓之马。

圉師

【原文】

圉師掌教圉人養馬。春除蓐，釁廄，始牧。夏庌馬，冬獻馬。射則充椹質。茨墻則翦闔。

【译文】

圉师的职责是掌管教导圉人养马。春天，除去马厩中的草蓐子，如果是新建的马厩则举行衅礼，开始放牧。夏天，为马建造凉棚。冬天，进献已经调教好的马匹。有习射之事则提供用做箭靶的砧板，用草箔盖房子则修剪房顶。

圉　人

【原文】

圉人掌養馬芻牧之事，以役圉師。凡賓客、喪紀，牽馬而入陳。廞馬亦如之。

【译文】

圉人的职责是掌管在厩在牧养马之事，听候圉师的使令。凡有招待宾客之事、丧事，负责将马牵进来陈列。陈列作为明器的遣车的马，也是这样。

【原文】

職方氏

職方氏掌天下之圖，以掌天下之地。辨其邦國、都鄙、四夷、八蠻、七閩、九貉、五戎、六狄之人民，與其財用、九穀、六畜之數要，周知其利害。

乃辨九州之國，使同貫利：東南曰揚州，其山鎮曰會稽，其澤藪曰具區，其川三江，其浸五湖，其利金、錫、竹、箭，其民二男五女，其畜宜鳥獸，其穀宜稻。正南曰荆州，其山鎮曰衡山，其澤藪曰雲瞢，其川江、漢，其浸潁、湛，其利丹、銀、齒、革，其民一男二女，其畜宜鳥獸，其穀宜稻。河南曰豫州，其山鎮曰華山，其澤藪曰圃田，其川熒、雒，其浸波、溠，其利林、漆、絲、枲，其民二男三女，其畜宜六擾，其穀宜五種。正東曰青州，其山鎮曰沂山，其澤藪曰望諸，其川淮、泗，其浸沂、沭，其利蒲魚，其民二男二女，其畜宜雞、狗，其穀宜稻、麥。河東曰兗州，其山鎮曰岱山，其澤藪曰大野，其川河、泲，其浸盧、維，其利蒲、魚，其民二男三女，其畜宜六擾，其穀宜四種。正西曰雍州，其山鎮曰嶽山，其澤藪曰弦蒲，其川涇、汭，其浸渭、洛，其利玉石，其民三男二女，其畜宜牛、馬，其穀宜黍稷。東北曰幽州，其山鎮曰醫無閭，其澤藪曰貕養，其川河、泲，其浸菑、時，其利魚、鹽，其民一男三女，其畜宜四擾，其穀宜三種。河内曰冀州，其山鎮曰霍山，其澤藪曰楊紆，其川漳，其浸汾、潞，其利松、柏，其民五男三女，其畜宜牛、羊，其穀宜黍、稷。正北曰并州，其山鎮曰恆山，其澤藪曰昭餘祁，其川虖池、嘔夷，其

浸涞、易，其利布、帛，其民二男三女，其畜宜五擾，其穀宜五種。

乃辨九服之邦國。方千里曰王畿，其外方五百里曰侯服，又其外方五百里曰甸服，又其外方五百里曰男服，又其外方五百里曰采服，又其外方五百里曰衛服，又其外方五百里曰蠻服，又其外方五百里曰夷服，又其外方五百里曰鎮服，又其外方五百里曰藩服。

凡邦國千里，封公以方五百里，則四公；方四百里，則六侯；方三百里，則七伯；方二百里，則二十五子；方百里，則百男：以周知天下。凡邦國，小大相維，王設其牧，制其職，各以其所能；制其貢，各以其所有。王將巡守，則戒於四方，曰：「各修平乃守，攷乃職事，無敢不敬戒，國有大刑。」及王之所行，先道，帥其屬而巡戒令。王殷國亦如之。

【译文】

职方氏的职责是掌管天下的地图版籍，用以掌握天下的地理。了解邦国、都鄙、四夷、八蛮、七闽、九貉、五戎、六狄的人民与其财用、九谷、六畜的统计报表，周知各地的利害。

辨别九州的地域，使各州居民在同样的土地上劳作、得到同样的好处：九州的东南是扬州，其名山是会稽，其大泽是具区，其大川是三江，其大浸是五湖，其特产是金、锡、竹、箭，其男女人口比例是二比五，其地适宜畜养的动物是鸟兽，其地适宜种植的谷物是稻子。九州的正南是荆州，其名山是衡山，其大泽是云梦，其大川是江水、汉水，其大浸是颍水、湛水，其特产是丹砂、银子、象牙、犀兕之革，其地的男女人口比例一比二，其地适宜畜养的动物是鸟兽，其地适宜种植的谷物是稻子。河水的南边是豫州，其名山是华山，其大泽是圃田，其大川是荥泽、雒水，其大浸是波水、溠水，其土特产是林、漆、丝、麻，其地的男女人口比例是二比二，其地适宜畜养的动物是马、牛、羊、猪、犬、鸡，其地适宜种植的谷物是黍、稷、菽、麦、稻。九州的正东是青州，其名山是沂山，其大泽是望诸，其大川是淮河、泗水，其大浸是沂水、沭水，其土特产是蒲柳、海鱼，其地的男女人口比例是二比二，其地适宜畜养的动物是鸡、狗，其地适宜种植的谷物是稻子、麦子。河水的东边是兖州，其名山是泰山，其大泽是大野，其大川是河水、济水，其大浸是卢水、潍水，其土特产是蒲柳、海鱼，其地的男女人口比例是二比三，其地适宜畜养的动物是马、牛、羊、猪、犬、鸡，其地适宜种植的谷物是黍、稷、稻、麦。九州的正西是雍州，其名山是岳山，其大泽是弦蒲，其大川是泾水、汭水，其大浸是渭水、洛水，其土特产是玉石，其地的男女人口比例是三比二，其地适宜畜养的动物是牛、马，其地适宜种植的谷物是黍、稷。九州的东北是幽州，其名山是医无闾，其大泽是貕养，其大川是河水、济水，其大浸是淄水、时水，其土特产是海鱼、海盐，其地的男女人口比例是一比三，其地适宜畜养的动物是马、牛、羊、猪，其地适宜种植的谷物是黍、稷、稻。河水以北是冀州，其名山是霍山，其大泽是杨纡，其大川是漳水，其大浸是汾水、潞水，其土特产是松、柏，其地的男女人口比例是五比三，其地适宜畜养的动物是牛、羊，其地适宜种植的谷物是黍、稷。

九州的正北是并州，其名山是恒山，其大泽是昭馀祁，其大川是滹沱河、呕夷水，其大浸是涞水、易水，其土特产是布帛，其地的男女人口比例是二比三，其地适宜畜养的动物是马、牛、羊、犬、豕，其地适宜种植的谷物是黍、稷、菽、麦、稻。

然后辨别九服的封域。以王城为中心的方千里之地叫做王畿，王畿外方五百里之地叫做侯服，侯服外方五百里之地叫做甸服，甸服外方五百里之地叫做男服，男服外方五百里之地叫做采服，采服外方五百里之地叫做卫服，卫服外方五百里之地叫做蛮服，蛮服外方五百里之地叫做夷服，夷服外方五百里之地叫做镇服，镇服外方五百里之地叫做藩服。

凡封域千里之地，如果按照方五百里的标准分封公爵，可以分封四个公爵；如果按照方四百里的标准分封侯爵，可以分封六个侯爵；如果按照方三百里的标准分封伯爵，可以分封十一个伯爵；如果按照方二百里的标准分封子爵，可以分封二十五个子爵；如果按照方百里的标准分封男爵，可以分封一百个男爵。按照这个比例就可以周知天下邦国的总数。所有的诸侯国，要使小的诸侯和大的诸侯互相维系。天子为每一州设立一个州牧，按照每一州牧之所能，制定其职责；按照每一州的物产，制定其应进的贡物。天子将要巡守，则事先以文书告诫四方诸侯说：「你们要各自搞好各自的国境之内，考校一下天子到达时你们将怎样接待，如果对天子的巡守不严肃慎重地对待，必杀无赦。」等到天子出发的时候，要在前边做前导，率领自己的部属检查当地对事先发出的告诫文书的落实情况。遇到天子在畿外会见众多诸侯时也是这样。

土方氏

【原文】

土方氏掌土圭之灋，以致日景，以土地相宅，而建邦國都鄙。以辨土宜、土化之灋，而授任地者。王巡守，則樹王舍。

【译文】

土方氏的职责是掌管土圭的使用方法，以测量日影，以度量土地的方位，观察是否可以作为居住之地，从而建立邦国、都鄙。以辨别什么土壤适合种植什么谷物并掌握改造土壤的方法，授给负责合理使用土地的官员。天子巡守，则负责在天子住处周围设置藩篱。

懷方氏

【原文】

懷方氏掌來遠方之民，致方貢，致遠物，而送逆之，達之以節。治其委積、館舍、飲食。

【译文】

怀方氏的职责是掌管招徕四夷的民众，让九州之内的诸侯进献当地的贡品，让九州之外的少数民族进献当地的宝物，他们来时负责迎接，走时负责送行，发给通行证使之畅通无阻。负责解决他们沿途的生活用品、住宿、饮食问题。

【原文】

合方氏

合方氏掌達天下之道路，通其財利，同其數器，壹其度量，除其怨惡，同其好善。

【译文】

合方氏的职责是掌管使天下的道路畅通无阻，交流各地的物资，统一其计量轻重的标准，统一其计量长短、容积的标准，消除邦国之间的怨恶，使好的风俗得到普遍认同。

【原文】

訓方氏

訓方氏掌道四方之政事與其上下之志，誦四方之傳道。正歲，則布而訓四方，而觀新物。

【译文】

训方氏的职责是掌管为天子讲说诸侯的政事及君臣的思想动态，为天子陈说四方世代相传的往古之事。每年正月，将为天子所讲说、所陈说的内容布告天下，使世人知道何者为善何者为恶；四时向民众展示新物，藉以探察民心之好恶。

【原文】

形方氏

形方氏掌制邦國之地域，而正其封疆，無有華離之地。使小國事大國，大國比小國。

【译文】

形方氏的职责是掌管划定邦国之间的地域，整齐其边界，不使出现领土犬牙交错和飞地。使小国服事大国，大国亲近小国。

【原文】

山師

山師掌山林之名，辨其物與其利害，而頒之於邦國，使致其珍異之物。

【译文】

山师的职责是掌管山林的名称，辨别各个山林都有哪些物产，其中的哪些物产是可以被人利用的，山林中又有什么害人的虫兽，将这些情况颁布于各诸侯国，使他们进献其珍异之物。

【原文】

川師

川師掌川澤之名，辨其物與其利害，而頒之於邦國，使致其珍異之物。

【译文】

川师的职责是掌管川泽的名称，辨别各个川泽都有哪些物产，其中的哪些物产是可以被人利用的，川泽中又有什么害人的虫兽，将这些情况颁布于各诸侯国，使他们进献其珍异之物。

邍　師

【原文】

邍師掌四方之地名，辨其丘陵、墳衍、邍隰之名物之可以封邑者。

【译文】

原师的职责是掌管四方的地名，辨别丘、陵、坟、衍、隰的名称和物产，辨别其中可以划分出来建造居邑的地方。

匡　人

【原文】

匡人掌達灋則，匡邦國而觀其慝，使無敢反側，以聽王命。

【译文】

匡人的职责是掌管向邦国传达八法、八则，匡正邦国，观察他们有无邪恶，使他们不敢违背法度，而听从天子的命令。

撢　人

【原文】

撢人掌誦王志，道國之政事，以巡天下之邦國而語之，使萬民和說而正王面。

【译文】

撢人的职责是掌管陈说天子的志虑所在，讲说王国的施政情况，在巡行天下邦国时将这些内容通报诸侯，使万民中心和悦，从而真诚地归心天子。

都司馬（附家司馬）

【原文】

都司馬掌都之士庶子及其衆庶、車馬、兵甲之戒令，以國灋掌其政學，以聽國司馬。家司馬亦如之。

【译文】

都司马的职责是掌管都的贵族子弟从军者及其应征入伍的平民、车马、兵甲的戒令。按照国家的法规对这些人进行军事上的管理和学业上的教育，以听命于王国的各级司马。家司马也是如此。

【原文】

秋官司寇第五

敘官

惟王建國，辨方正位，體國經野。設官分職，以爲民極。乃立秋官司寇，使帥其屬而掌邦禁，以佐王刑邦國。

刑官之屬：大司寇，卿一人；小司寇，中大夫二人；士師，下大夫四人；鄉士，上士八人，中士十有六人，旅下士三十有二人。府六人，史十有二人，胥十有二人，徒百有二十人。

遂士，中士十有二人；府六人，史十有二人，胥十有二人，徒百有二十人。

縣士，中士三十有二人；府八人，史十有六人，胥十有六人，徒百有六十人。

方士，中士十有六人；府八人，史十有六人，胥十有六人，徒百有六十人。

訝士，中士八人；府四人，史八人，胥八人，徒八十人。

朝士，中士六人；府三人，史六人，胥六人，徒六十人。

司民，中士六人；府三人，史六人，胥三人，徒三十人。

司刑，中士二人；府一人，史二人，胥二人，徒二十人。

司刺，下士二人；府一人，史二人，徒四人。

司約，下士二人；府一人，史二人，徒四人。

司盟，下士二人；府一人，史二人，徒四人。

職金，上士二人，下士四人；府二人，史四人，胥八人，徒八十人。

司厲，下士二人；史一人，徒十有二人。

犬人，下士二人；府一人，史二人，賈四人，徒十有六人。

司圜，中士六人，下士十有二人；府三人，史六人，胥十有六人，徒百有六十人。

掌囚，下士十有二人；府六人，史十有二人，徒百有二十人。

掌戮，下士二人；史一人，徒十有二人。

司隸，中士二人，下士十有二人；府五人，史十人，胥二十人，徒二百人。

罪隸，百有二十人。

蠻隸，百有二十人。

閩隸，百有二十人。

夷隸，百有二十人。

貉隸，百有二十人。

布憲，中士二人，下士四人；府二人，史四人，胥四人，徒四十人。

禁殺戮，下士二人；史一人，徒十有二人。

禁暴氏，下士六人；史三人，胥六人，徒六十人。

野廬氏，下士六人；胥十有二人，徒百有二十人。

蜡氏，下士四人；徒四十人。

雍氏，下士二人；徒八人。

萍氏，下士二人；徒八人。

司寤氏，下士二人；徒八人。

司烜氏，下士六人；徒十有二人。

條狼氏，下士六人；胥六人，徒六十人。

修閭氏，下士二人；史一人，徒十有二人。

冥氏，下士二人；徒八人。

庶氏，下士一人；徒四人。

穴氏，下士一人；徒四人。

翨氏，下氏二人；徒八人。

柞氏，下士八人；徒二十人。

薙氏，下氏二人；徒二十人。

硩蔟氏，下士一人；徒二人。

翦氏，下士一人；徒二人。

赤犮氏，下士一人；徒二人。

蟈氏，下士一人；徒二人。

壺涿氏，下士一人；徒二人。

庭氏，下士一人；徒二人。

銜枚氏，下士二人；徒八人。

伊耆氏，下士一人；徒二人。

大行人，中大夫二人；小行人，下大夫四人，司儀；上士八人，中士十有六人；行夫，下士三十有二人。府四人，史八人，胥八人，徒八十人。

環人，中士四人；史四人，胥四人，徒四十人。

象胥，每翟上士一人，中士二人，下士八人；徒二十人。

掌客，上士二人，下士四人；府一人，史二人，胥二人，徒二十人。

掌訝，中士八人；府二人，史四人，胥四人，徒四十人。

掌交，中士八人；府二人，史四人，徒三十有二人。

掌察，四方中士八人；史四人，徒十有六人。

掌貨賄，下士十有六人；史四人，徒三十有二人。

朝大夫，每國上士二人，下士四人；府一人，史二人，庶子八人，徒二十人。

都則，中士一人，下士二人；府一人，史二人，庶子四人，徒八十人。

都士，中士二人，下士四人；府二人，史四人，胥四人，徒四十人。家士亦如之。

【译文】

（按：《秋官·叙官》的译文，大体上同于《天官·叙官》的译文。为节省篇幅，此略。）

【原文】

大司寇

大司寇之職，掌建邦之三典，以佐王刑邦國，詰四方：一曰刑新國用輕典，二曰刑平國用中典，三曰刑亂國用重典。以五刑糾萬民：一曰野刑，上功糾力；二曰軍刑，上命糾守；三曰鄉刑，上德糾孝；四曰官刑，上能糾職；五曰國刑，上愿糾暴。以圜土聚教罷民。凡害人者，寘之圜土而施職事焉，以明刑恥之；其能改過，反於中國，不齒三年。其不能改而出圜土者，殺。以兩造禁民訟，入束矢於朝，然後聽之。以兩劑禁民獄，入鈞金，三日乃致於朝，然後聽之。以嘉石平罷民：凡萬民之有罪過而未麗於灋，而害於州里者，桎梏而坐諸嘉石，役諸司空。重罪，旬有三日坐，朞役；其次九日坐，九月役；其次七日坐，七月役；其次五日坐，五月役；其下罪三日坐，三月役。使州里任之，則宥而舍之。以肺石達窮民，凡遠近惸獨老幼之欲有復於上而其長弗達者，立於肺石三日，士聽其辭，以告於上，而罪其長。

正月之吉，始和布刑於邦國都鄙，乃縣刑象之灋於象魏，使萬民觀刑象，挾日而斂之。凡邦之大盟約，涖其盟書，而登之於天府，大史、內史、司會及六官皆受其貳而藏之。凡諸侯之獄訟，以邦典定之。凡卿大夫之獄訟，以邦灋斷之。凡庶民之獄訟，以邦成弊之。

大祭祀，奉犬牲。若禋祀五帝，則戒之日，涖誓百官，戒於百族。及納亨，前王。祭之日亦如之。奉其明水火。凡朝覲、會同，前王。大喪亦如之。大軍旅，涖戮於社。凡邦之大事，使其屬蹕。

【译文】

大司寇的职责是掌管建立王国的三种法典，以辅佐天子用刑法治理天下，禁止四方诸侯为非作歹：第一种法典叫轻典，用于刚刚建立的国家；第二种法典叫中典，用于承平守成的国家；第三种法典叫重典，用于发生叛乱篡杀的国家。用五种刑法来纠察万民：第一种是适用于野地的刑法，提倡好好种地，惩治懒惰不力；第二种是适用于军中的刑法，提倡服从命令，惩治失去部伍；第三种是适用于六乡的刑法，提倡遵守六德，惩治不孝父母；第四种是适用于官府的刑法，提倡精通业务，惩治玩忽职守；第五种是适用于城中的刑法，提倡诚实谨慎，惩治凶恶残暴。利用圜土把好吃懒做的人集中起来加以劳动改造。凡因过失伤人而触犯法律者，也收容到圜土之内，强迫他们从事力所能及的劳动，并将其罪恶写在一块大方板上，挂在他们的背后，让他们感到羞耻；如能改过自新者，释放出来，令其回归乡里，但在三年之内不得与平辈的人序齿；如不能改过自新，还想逃出圜土，抓住就杀掉。百姓因小事而打官司，为防止诬陷，就让双方当事人都来，各自先向法庭交纳一束箭，表明自己是理直的一方，然后才开始审理。百姓因大事而打官司，为防止诬陷，就不仅要让双方当事人都到，而且要让双方写出诉状具结，并向法庭交纳三十斤金作为保证金，为了慎重其事，还要给双方三天时间认真考虑，然后才开始审理。用嘉石来感化有种种恶习的人，凡百姓中犯有罪过而尚未触犯法律，而又为州里所痛恶者，就要让他戴上脚镣手铐，跪在嘉石前面，跪够一定的天数以后，还要罚他在司空服一定时间的劳役。如果是重罪，就罚他在嘉石前面跪十二天，在司空服一年的劳役；比较轻点的，就罚他跪九天，服九个月的劳役；再轻点的，就罚他跪七天，服七个月的劳役；更轻点的，就罚他跪五天，服五个月的劳役；最轻的，就罚他跪三天，服三个月的劳役。服劳役的期限满了以后，还要让州里的人担保他改恶从善，这才赦免释放。用肺石来接受鳏寡孤独而求告无门者的上访，不论居住远近，凡是没有兄弟没有子孙的幼童老人想向天子与六卿反映情况而其地方长官又不予转达者，就可以立在肺石旁边，立上三天，朝士就会前来听取他们反映的情况，并将情况报告给天子与六卿，处分其地方长官。

每年的正月初一，开始向普天之下的臣民宣布刑典，其方法是将写有刑典的木板悬挂到王宫大门的双阙之上，让万民观看，十天以后再把它收藏起来。凡天子与诸侯因大会同而订立盟约，大司寇都要亲临监视盟书的制作，并将盟书的正本上交天府保管，太史、内史、司会以及六官首长都接受盟书的副本而收藏起来。凡是诸侯之间打官司，就根据六典来审断。凡是卿大夫之间打官司，就根据八法来审断。凡是百姓之间打官司，就根据八成来裁决。

大祭祀，负责进献作为牺牲使用的犬。如果禋祀五帝，就要在斋戒的那一天，亲临监督对百官的告诫，对天子亲属的告诫。等到天子将牺牲牵进来时，大司寇要走在天子前面做前导；天亮以后举行正祭时也是这样。负责进奉明水、明火。凡朝觐、会同，都要走在天子前面做前导；遇到大丧也是这样。在天子亲自参与的军事活动中，当在军社处死不遵守命令的将士时，要亲

临监斩。凡是王国的大事，都要派遣其部属清道，禁止行人来往。

【原文】

小司寇

小司寇之職，掌外朝之政，以致萬民而詢焉。一曰詢國危，二曰詢國遷，三曰詢立君。其位：王南鄉，三公及州長、百姓北面，羣臣西面，羣吏東面。小司寇擯以叙進而問焉，以衆輔志而弊謀。

以五刑聽萬民之獄訟，附於刑，用情訊之。至於旬乃弊之，讀書則用灋。凡命夫命婦，不躬坐獄訟。凡王之同族有罪，不即市。以五聲聽獄訟，求民情：一曰辭聽，二曰色聽，三曰氣聽，四曰耳聽，五曰目聽。以八辟麗邦灋，附刑罰：一曰議親之辟，二曰議故之辟，三曰議賢之辟，四曰議能之辟，五曰議功之辟，六曰議貴之辟，七曰議勤之辟，八曰議賓之辟。以三刺斷庶民獄訟之中：一曰訊羣臣，二曰訊羣吏，三曰訊萬民。聽民之所刺宥，以施上服下服之刑。

及大比，登民數，自生齒以上，登於天府。內史、司會、冢宰貳之，以制國用。小祭祀，奉犬牲。凡禋祀五帝，實鑊水，納亨亦如之。大賓客，前王而辟，后、世子之喪亦如之。小師，涖戮。凡國之大事，使其屬蹕。孟冬祀

司民，獻民數於王，王拜受之，以圖國用而進退之。歲終，則令羣士計獄弊訟，登中於天府。正歲，帥其屬而觀刑象，令以木鐸曰：「不用灋者，國有常刑。」令羣士，乃宣布於四方，憲刑禁。乃命其屬入會，乃致事。

【译文】

小司寇的职责是掌管外朝的政事，以聚集万民而征求他们对国家大事的意见。第一，当国家处于危险之中时，征求他们有什么意见；第二，当国家要迁都时，征求他们有什么意见；第三是，当国家在立新君时遇到了麻烦，征求他们有什么意见。外朝的朝位是：天子面向南，三公、州长以及百姓面向北，群臣面向西，群吏面向东。小司寇按照爵位的尊卑一个一个地将他们请到前面征求意见，以众人的意见补充完整天子的考虑而促使其作出决断。

按照五种刑罚来审理万民的官司，凡是触犯刑法将要判刑的，要以能宽则宽的态度将案子再加审讯，审讯得实以后，为慎重起见，还要等候十天才下判决，宣读犯人罪状时则应依法定罪。凡是命夫命妇打官司，可以不亲自出庭跪地受审。凡是天子的同族犯罪，不在闹市上行刑。用察言观色等五种手段来审理案件，以判断当事人所讲是否属实：第一种叫做辞听，即观察他出言是否吞吞吐吐哆哆嗦嗦；第二种叫做色听，即观察他脸上是否有羞赧之色；第三种叫做气听，即观察他的气息是否急促；第四种叫做耳听，即观察他听别人讲话是否感到迷惑不解；第五种叫做目听，即观察他的眸子是明亮还是昏暗。对于某些特殊人物的犯罪，以八议之法作

为国法的补充，附着于刑罚： 一是集议天子的亲属犯罪如何从轻处置之法，二是集议天子的故旧犯罪如何从轻处置之法，三是集议德行高尚者犯罪如何从轻处置之法，四是集议有卓越才能者犯罪如何从轻处置之法，五是集议立过大功者犯罪如何从轻处置之法，六是集议显贵犯罪如何从轻处置之法，七是集议长期勤劳国事者犯罪如何从轻处置之法，八是集议国宾犯罪如何从轻处置之法。 用向三个方面征求意见的办法使审理平民的官司得到公正的判决： 一是征求群臣的意见，二是征求群吏的意见，三是征求万民的意见。 三方面的意见都说杀，就杀；都说宽免，就宽免，该重判的就重判，该轻判的就轻判。

等到大比之年，负责登记人口数目，自生出牙齿的婴儿算起，都要登记，登记的正本送交天府收存，内史、司会和冢宰都拥有其副本，冢宰将根据副本来制定国家的财政预算。 小祭祀，负责进献作为牺牲使用的犬。 凡禋祀五帝，负责给镬中添满水； 烹煮牲体时也是这样。 遇到朝觐、会同一类事情，负责为天子前导并戒严。 遇到王后、太子去世，也是这样。 遇到小规模军事行动，就亲临监视。 凡是王国的大事，都要派遣其部属清道，禁止行人来往。 每年孟冬祭祀司民之神，祭过以后，将当年的全国人口数献给天子，天子拜而接受之，并根据人口的增加或减少来考虑国家财政预算是应该增加还是应该减少。 每到年终，就命令所有的法官统计一下本年内一共审结了多少案件，并将案卷上交天府备查。 每年正月，率领其部下在司寇官署内观看刑法条文，手摇木铎，告诫他们说：「如果不依法办事，将根据国法的相应条款加以惩处。」命令遂士以下的法官们将此意宣布于四方，悬挂公布刑禁。 每到年终，命令其部属呈报工作总结，而后呈交天子。

【原文】

士 師

士師之職，掌國之五禁之灋，以左右刑罰： 一曰宫禁，二曰官禁，三曰國禁，四曰野禁，五曰軍禁。 皆以木鐸徇之於朝，書而縣於門閭。 以五戒先後刑罰，毋使罪麗於民： 一曰誓，用之於軍旅； 二曰誥，用之於會同； 三曰禁，用諸田役； 四曰糾，用諸國中； 五曰憲，用諸都鄙。 掌鄉合州、黨、族、閭、比之聯，與其民人之什伍，使之相安、相受，以比追胥之事，以施刑罰慶賞。 掌官中之政令。 察獄訟之辭，以詔司寇斷獄弊訟，致邦令。 掌士之八成： 一曰邦汋，二曰邦賊，三曰邦諜，四曰犯邦令，五曰撟邦令，六曰爲邦盜，七曰爲邦朋，八曰爲邦誣。

若邦凶荒，則以荒辯之灋治之： 令移民，通財，糾守，緩刑。 凡以財獄訟者，正之以傅別、約劑。 若祭勝國之社稷，則爲之尸。 王燕出入，則前驅而辟。 祀五帝，則沃尸及王盥，洎鑊水。 凡刉珥，則奉犬牲。 諸侯爲賓，則帥其屬而蹕於王宫。 大喪亦如之。 大師，帥其屬而禁逆軍旅者，與犯師

禁者，而戮之。歲終，則令正要會。正歲，帥其屬而憲禁令於國及郊野。

【译文】

士师的职责是掌管作为国家法律之一的五种禁令，以辅助刑罚禁民为非：一是王宫中的禁令，二是官府中的禁令，三是城中的禁令，四是野地的禁令，五是军中的禁令。这五种禁令，士师不但要手摇木铎在外朝遍告民众，而且要写到木板上，悬挂到城门、里门上。以五戒辅助刑罚，使民众避免犯罪：一是誓，用之于军旅；二是诰，用之于会同；三是禁，用之于畋猎和劳役；四是纠，用之于城中；五是宪，用之于都鄙。掌管将六乡中各级行政区划的住户结合成大大小小的联合体，并将其居民按照军队编制组织起来，使他们平时相安无事，有事可以互相托付，用以点验追逐敌寇、伺捕盗贼时人员是否到齐，用以施行祸福相连的刑罚与庆赏。掌管大司寇官署中的政令。审阅疑难案件的诉状与答辩状，将判决的参考意见告诉司寇，并提供罪名成立的法令根据。掌管法官判案的八种案例：一是窃取国家机密者，二是犯上作乱者，三是为异国做间谍者，四是冒犯天子教令者，五是假冒天子名义发布命令者，六是窃取国家宝藏者，七是朋比为奸结党营私者，八是欺上瞒下歪曲事实者。

如果国家发生了凶年饥荒，就采取救荒贬损的措施来处理：让受灾地区的民众迁移到粮食便宜的地区，对于无法迁移的民众则运去救灾粮，加强纠察守备，防止盗窃发生，对犯罪的人宽大处理。凡是由于财货纠纷而引发的官司，要根据合同、契约来裁决。如果祭祀前代亡国之社稷，则充当尸。天子在休闲时出入宫门、国门，就充当前驱开道，让过往行人避开。祭祀五帝，则负责为尸及天子浇水洗手，向镬中不断续水。凡举行衅礼，则进奉作为牺牲使用的犬。诸侯前来朝见天子，则率领自己的部下在王宫中警戒；大丧时也是这样。天子亲自率师出征，则率领自己的部下查禁那些违犯将令者与扰乱军队行列者，查出之后即杀之。每到年终，则命令所属刑官写出工作总结。每年年初，率领自己的部下在王城中以及郊野悬挂公布禁令。

【原文】

鄉 士

鄉士掌國中，各掌其鄉之民數而糾戒之。聽其獄訟，察其辭，辨其獄訟，異其死、刑之罪而要之，旬而職聽於朝。司寇聽之，斷其獄，弊其訟於朝。羣士、司刑皆在，各麗其灋，以議獄訟。獄訟成，士師受中。協日刑、殺，肆之三日。若欲免之，則王會其期。大祭祀、大喪紀、大軍旅、大賓客，則各掌其鄉之禁令，帥其屬夾道而蹕。三公若有邦事，則爲之前驅而辟。其喪亦如之。凡國有大事，則戮其犯命者。

【译文】

乡士的职责是掌管王城内与六乡的狱讼。各自掌管其所辖之乡的民众数目，督察乡民遵守戒令。审理乡民的官司，审阅他们的诉状与答辩状，辨别其案件的大小，对于分别被判为死刑、

墨刑、劓刑、刖刑、宫刑的罪犯，将其罪状、证词以及适用的法律条款摘要制成文书上报司寇，十天以后，依其职责参加外朝的会审；　届时，大司寇主持会审，无论官司大小，均当庭予以判决；所有的法官与司刑也都在场，各人根据罪犯所触犯的法律发表自己的量刑意见。　会审判决作出以后，士师接受判决书；　乡士选择可以行刑的日期，死刑犯人被处死以后，要暴尸三天。　如果要赦免罪犯的罪行，天子就要在大司寇主持外朝会审的那天亲自前去参加合议。　大祭祀、大丧纪、大军旅、大宾客，则各自掌管其所辖之乡民众的禁令，率领其部属夹道戒严。　三公如因国事下乡，就为他们充当前驱而喝道；　三公去世时也是这样。　凡国有大事，则惩罚那些违犯禁令者。

【原文】

遂士

遂士掌四郊，各掌其遂之民數，而糾其戒令。聽其獄訟，察其辭。辨其獄訟，異其死、刑之罪而要之，二旬而職聽於朝。司寇聽之，斷其獄、弊其訟於朝，羣士、司刑皆在，各麗其灋以議獄訟。獄訟成，士師受中。協日就郊而刑，殺，各於其遂肆之三日。若欲免之，則王令三公會其期。若邦有大事聚衆庶，則各掌其遂之禁令，帥其屬而蹕。六卿若有邦事，則爲之前驅而辟。其喪亦如之。凡郊有大事，則戮其犯命者。

【译文】

遂士的职责是掌管六遂的狱讼，兼管四郊的狱讼。　各自掌管其所辖之遂的民众数目，督察遂民遵守戒令。　审理遂民的官司，审阅他们的诉状与答辩状，辨别其案件的大小，对于分别被判为死刑、墨刑、劓刑、刖刑、宫刑的罪犯，将其罪状、证词以及适用的法律条款摘要制成文书上报司寇，二旬以后，依其职责参加外朝的会审；　届时，大司寇主持会审，无论官司大小，均当庭予以判决；　所有的法官与司刑也都在场，各人根据罪犯所触犯的法律发表自己的量刑意见。　会审判决作出以后，士师接受判决书；　遂士选择可以行刑的日期，将犯人押往郊狱所在之市行刑，死刑犯人被处死以后，将其尸体移到犯人所居之遂的市上暴尸三天。　如果要赦免罪犯的罪行，天子就要命令三公在大司寇主持外朝会审的那天前去参加合议。　如果国有大事，需要征集民众，则各自掌管其所辖之遂民众的禁令，率领其部属夹道戒严。　六卿如因公事到六遂去，就为他们充当前驱而喝道；　六卿去世时也是这样。　凡六遂之民被征调为国家大事服役，如有违犯禁令者，则惩罚之。

【原文】

縣士

縣士掌野。各掌其縣之民數，糾其戒令。而聽其獄訟，察其辭，辨其獄訟，異其死、刑之罪而要之，三旬而職聽於朝。司寇聽之，斷其獄、弊其

訟於朝，羣士、司刑皆在，各麗其灋以議獄訟。獄訟成，士師受中。協日刑殺，各就其縣肆之三日。若欲免之，則王命六卿會其期。若邦有大役聚衆庶，則各掌其縣之禁令。若大夫有邦事，則爲之前驅而辟。其喪亦如之。凡野有大事，則戮其犯命者。

【译文】

县士的职责是掌管四等公邑的狱讼。各自掌管其所辖公邑的民众数目，督察公邑的民众遵守戒令。审理公邑之民的官司，审阅他们的诉状与答辩状，辨别其案件的大小，对于分别被判为死刑、墨刑、劓刑、刖刑、宫刑的罪犯，将其罪状、证辞以及适用的法律条款摘要制成文书上报司寇，三旬以后，依其职责参加外朝的会审。届时，大司寇主持会审，无论官司大小，均当庭予以判决；所有的法官与司刑也都在场，各人根据罪犯所触犯的法律发表自己的量刑意见。会审判决作出以后，士师接受判决书。县士选择适宜行刑的日期，将犯人押往公邑的市上行刑，死刑犯人被处死以后，还要暴尸三天。如果要赦免罪犯的罪行，天子就要命令六卿在大司寇主持外朝会审的那天前去参加合议。如果国家有大规模的劳役，需要征集民众，则各自掌管其所辖公邑民众的禁令。如果大夫因公事下到公邑，就为他们充当前驱而喝道；大夫去世时也是这样。凡公邑之民被征调为国家大事服役，如有违犯禁令者，则惩罚之。

【原文】

方士

方士掌都家。聽其獄訟之辭，辨其死、刑之罪而要之，三月而上獄訟於國。司寇聽其成於朝，羣士、司刑皆在，各麗其灋以議獄訟。獄訟成，士師受中，書其刑、殺之成與其聽獄訟者。凡都家之大事聚衆庶，則各掌其方之禁令。以時修其縣灋，若歲終，則省之而誅賞焉。凡都家之士所上治，則主之。

【译文】

方士的职责是掌管都家的狱讼。审理都家吏民的官司，审阅他们的诉状与答辩状，对于分别被判为死刑、墨刑、劓刑、刖刑、宫刑的罪犯，将其罪状、罪证以及适用的法律条款摘要制成文书，三个月以后，将此文书上报司寇。大司寇在外朝审理上报的判决文书，所有的法官与司刑也都在场，各人根据罪犯所触犯的法律发表自己的量刑意见。会审判决作出以后，士师接受判决书，在上面写明一审、会审的判决结果和一审、会审的法官姓名。凡国家有大事，需要征集都家的民众，就各自掌管其所辖之方民众的禁令。按时贯彻都家之法，每到年终，考察都家之吏的贯彻情况，根据情况，或给予处分，或给予奖赏。凡都士、家士所上报的疑难案件，负责转呈司寇，由司寇审理判决。

【原文】

訝士

訝士掌四方之獄訟，諭罪刑於邦國。凡四方之有治於士者，造焉。四方有亂獄，則往而成之。邦有賓客，則與行人送逆之。入於國，則爲之前驅而辟；野亦如之。居館，則帥其屬而爲之蹕。誅戮暴客者。客出入則道之，有治則贊之。凡邦之大事聚衆庶，則讀其誓禁。

【译文】

讶士的职责是掌管四方诸侯的狱讼，向各个诸侯国晓谕定罪制刑的本意。凡四方诸侯有难断的官司和不清楚的法律条文派人前来请示士师者，先到讶士那里接洽，再由讶士通报士师。如果四方诸侯本人也陷入了大逆不道的官司，就亲自前往审断。王国来了国宾，就和小行人一道负责迎送。国宾进入王城以后，就为国宾充当前驱而喝道；进入郊野时也是这样。对于国宾下榻的宾馆，则率领其部下禁止闲人走动，诛杀以暴力施加国宾者。国宾出出进进则在前导引，国宾有事要咨询陈请则帮助转达天子。凡国家的大事，需要聚集民众，则宣读誓词与禁令。

【原文】

朝士

朝士掌建邦外朝之灋。左九棘，孤、卿、大夫位焉，羣士在其後；右九棘，公、侯、伯、子、男位焉，羣吏在其後；面三槐，三公位焉，州長、衆庶在其後。左嘉石，平罷民焉；右肺石，達窮民焉。帥其屬而以鞭呼趨且辟。禁慢朝、錯立、族談者。凡得獲貨賄、人民、六畜者，委於朝，告於士，旬而舉之：大者公之，小者庶民私之。凡士之治有期日：國中一旬，郊二旬，野三旬，都三月，邦國期。期內之治聽，期外不聽。凡有責者，有判書以治，則聽。凡民同貨財者，令以國灋行之，犯令者，刑罰之。凡屬責者，以其地傅而聽其辭。凡盜賊軍鄉、邑及家人，殺之無罪。凡報仇讎者，書於士，殺之無罪。若邦凶荒、札喪、寇戎之故，則令邦國、都家、縣鄙慮刑貶。

【译文】

朝士的职责是掌管建立天子外朝的有关规矩。外朝的左边种有九棵酸枣树，表明这是孤、卿、大夫的朝位，众多的上士、中士、下士立在他们的身后；右边也种有九棵酸枣树，表明这是公、侯、伯、子、男的朝位，众多的乡遂、公邑、都鄙的官吏立在他们的身后；正南面种有三棵槐树，表明这是三公的朝位，州长和民众的代表立在他们的身后。外朝的左边放有一块嘉石，用来感化邪恶之民；右边放有一块肺石，用来接受鳏寡孤独而又求告无门者的上访。每逢外朝集会时，朝士要率领他的部下手执皮鞭巡行外朝，吆喝闲杂人等走开，禁止参加朝会者吊儿郎当、

站错位置、扎堆说话。凡拾到财物或获得逃亡的犯人、奴婢以及走失的牲口者，要送交外朝，报告朝士，等待认领；十天之内无人认领就予以没收，大的物件充公，小的物件由拾到的人据为己有。所有法官的受理案件都有一定的期限：王城之中是十天，四郊是二十天，野地是三十天，都家是三个月，诸侯是一年。期限以内来告的、来申诉的予以受理，期限以外则不予受理。凡属借贷纠纷，持有借券来告，则受理。凡富人囤积财货者，当他们乘市场缺乏而抛售或放贷时，命令他们按照国家规定的利率行事；其违犯命令者，轻者罚款，重者判刑。凡受债权人委托向债务人讨债而发生纠纷者，必须有居住相近的知情者作证，才予以受理。凡盗贼手持武器劫掠乡遂公邑以及平民之家者，被劫掠者杀死他们是无罪的。凡报复是杀人凶手的仇人者，只要先到法官那里备案，杀死仇人就无罪。如果国家发生了荒灾、疾疫流行、敌寇侵犯之事，就下令邦国、采邑、公邑、乡遂考虑采取宽缓刑罚和减少开支的措施。

【原文】

司　民

司民掌登萬民之數，自生齒以上皆書於版，辨其國中與其都鄙及其郊野，異其男女，歲登下其死生。及三年大比，以萬民之數詔司寇。司寇及孟冬祀司民之日，獻其數於王，王拜受之，登於天府。內史、司會、冢宰貳之，以贊王治。

【译文】

司民的职责是掌管登记万民的数目，从长了牙的婴儿开始都要登记到户籍上。在户籍上注明他们的住地在什么地方：是王城之中，还是六乡与郊里、六遂、三等采地、四等公邑；注明其性别；每年死了多少，生了多少，都要登记清楚。等到每隔三年举行全国性的人口调查统计时，将万民的数目上报司寇。司寇在每年孟冬祭祀司民之神的那天，将万民的数目献给天子，天子拜而接受之，将正本送交天府收存。内史、司会和冢宰都拥有其副本，以帮助天子做好国家财政预算。

【原文】

司　刑

司刑掌五刑之灋，以麗萬民之罪：墨罪五百，劓罪五百，宫罪五百，刖罪五百，殺罪五百。若司寇斷獄弊訟，則以五刑之灋詔刑罰，而以辨罪之輕重。

【译文】

司刑的职责是掌管五刑的刑法，女用于惩治万民中的犯罪者。五刑之中，计有墨罪五百条，劓罪五百条，宫罪五百条，刖罪五百条，死罪五百条。如果大司寇在外朝审断案件，就根据五刑的刑法提出适用的刑罚条款，以辨别罪犯罪行的轻重。

【原文】

司刺

司刺掌三刺、三宥、三赦之灋，以贊司寇聽獄訟。一刺曰訊羣臣，再刺曰訊羣吏，三刺曰訊萬民；一宥曰不識，再宥曰過失，三宥曰遺忘；一赦曰幼弱，再赦曰老耄，三赦曰惷愚。以此三灋者求民情，斷民中，而施上服、下服之罪，然後刑、殺。

【译文】

司刺的职责是掌管三刺、三宥、三赦的法令，以协助大司寇审理好案件。所谓一刺，就是征求群臣的意见；所谓再刺，就是征求群吏的意见；所谓三刺，就是征求万民的意见。所谓一宥，就是宽宥那些由于认错了人而误杀人的罪犯；所谓再宥，就是宽宥那些由于过失而误杀人的罪犯；所谓三宥，就是宽宥那些由于遗忘而误杀人的罪犯。所谓一赦，就是七岁以下的幼童犯罪，不予追究法律责任；所谓再赦，就是七八十以上的老人犯罪，不予追究法律责任；所谓三赦，就是傻子白痴犯罪，不予追究法律责任。用这三种方法求得当事人犯罪的真实动机，把官司断决得公正，该重判的就重判，该轻判的就轻判，然后执行刑杀。

【原文】

司約

司約掌邦國及萬民之約劑，治神之約爲上，治民之約次之，治地之約次之，治功之約次之，治器之約次之，治摯之約次之。凡大約劑書於宗彝，小約劑書於丹圖。若有訟者，則珥而辟藏，其不信者服墨刑。若大亂，則六官辟藏，其不信者殺。

【译文】

司约的职责是掌管天子与诸侯及万民，以及诸侯与诸侯、万民与万民之间的契约券书。在这些契约券书当中，处理好神约的纠纷最重要，其次是处理好民约的纠纷，其次是处理好地约的纠纷，其次是处理好功约的纠纷，其次是处理好器约的纠纷，其次是处理好挚约的纠纷。凡是诸侯之间订立的契约券书，要雕刻在宗庙的礼器上；百姓之间订立的契约券书，要刻写在竹简木板之上。如果契约双方对契约文本的内容产生争执，司约就先杀鸡取血涂抹档案库的门户，然后打开库门，取出所藏契约正本与双方所执的契约核对，哪一方所执的契约与正本内容不一致，就是欺骗行为，要服墨刑。如果契约双方对重要的契约文本内容产生争执，那就敦请六官首长都打开各自的档案库，取出所藏副本一齐核对，哪一方所执契约与六官所藏的副本不一致，就是欺骗行为，要处死。

【原文】

司盟

司盟掌盟載之灋。凡邦國有疑會同，則掌其盟約之載及其禮儀，北面詔明神；既盟則貳之。盟萬民之犯命者，詛其不信者，亦如之。凡民之有約劑者，其貳在司盟。有獄訟者，則使之盟詛。凡盟詛，各以其地域之衆庶共其牲而致焉。既盟，則爲司盟共祈酒脯。

【译文】

司盟的职责是掌管签订盟约的礼仪。凡诸侯之间由于互不信任而举行会同订立盟约时，则掌管盟约的记载及其签订的礼仪，面向北方，向天地四方之神明宣读盟辞；盟约签订之后，要抄写若干副本。与违犯天子教令的万民盟誓，诅咒违犯盟约的一方，也是这样。凡是百姓之间订有契约凭证者，其副本要存放到司盟那里。有来打官司的，就让双方先在神前聆听盟誓诅咒。凡举行百姓之间的盟誓诅咒，各由其当地的民众提供歃血所用之牲，以招来民众进行盟誓诅咒。盟誓诅咒之后，还要为司盟提供祈祷神明降祸违约一方所需的酒脯。

【原文】

職金

職金掌凡金、玉、錫、石、丹、青之戒令。受其入徵者，辨其物之媺惡，與其數量，楬而璽之，入其金錫於爲兵器之府，入其玉石、丹青於守藏之府，入其要。掌受士之金罰、貨罰，入於司兵。旅於上帝，則共其金版。饗

諸侯亦如之。凡國有大故而用金石，則掌其令。

【译文】

职金的职责是掌管凡是有关金、玉、锡、石、丹、青的戒令。接受征收上来的金、玉、锡、石、丹、青，辨别这些东西的质量好坏及其数量多少，然后贴上标签，盖上官印，然后将其中的金、锡转交给制造兵器的官府，将其中的玉、石、丹、青转交给负责收藏的官府。将上项物资的收支情况制成账簿，送交大府。掌管接受法官依法责令罪犯交纳的赎金和罚款，并将这些赎金和罚款转交给司兵。旅祭上帝，则提供所需的金版，设宴招待诸侯时也是这样。凡国家有敌寇侵犯而须用金石，则掌管签发拨付的命令。

【原文】

司厲

司厲掌盜賊之任器、貨賄，辨其物，皆有數量，賈而楬之，入於司兵。其奴，男子入於罪隸，女子入於舂、槀。凡有爵者與七十者，與未齓者，皆不爲奴。

【译文】

司厉的职责是掌管没收盗贼用来伤人的兵器以及盗窃的财物，辨别这些兵器和财物都是些什么东西，每样东西有多少，值多少钱，然后制成标签，贴在上面，转交给司兵。罪人家属没入为

奴的，男子拨归罪隶，女子拨归舂人、稾人。凡是有爵位的人、七十岁以上的人与尚未换牙的小孩儿，都不没入为奴。

犬人

【原文】

犬人掌犬牲。凡祭祀供犬牲，用牷物。伏、瘗亦如之。凡幾珥、沈、辜，用駹可也。凡相犬、牽犬者屬焉，掌其政治。

【译文】

犬人的职责是掌管作为牺牲使用的犬。凡祭祀，负责提供作为牺牲所用之犬，选用毛色纯一之犬；举行軷祭、瘗埋之祭时所用的犬，也是这样的要求。凡是举行衅礼、用沉牲于水的办法祭祀川泽、用肢解牲体的办法祭祀地祇，用杂色的犬是可以的。负责相看挑选犬的、负责牵犬呈献的，都归犬人领导，犬人掌管对他们的管理。

司圜

【原文】

司圜掌收教罷民。凡害人者，弗使冠飾而加明刑焉，任之以事而收教之，能改者，上罪三年而舍，中罪二年而舍，下罪一年而舍。其不能改而出圜土者，殺。雖出，三年不齒。凡圜土之刑人也，不虧體；其罰人也，不虧財。

【译文】

司圜的职责是掌管收容劳教罢民。凡属害群之马，不许他们戴帽子，而将其罪状和姓名写在一块木版上，挂在他们的背后，藉以示众，强迫他们服劳役，从而收容改造他们。如果能改过自新，罪恶重的，劳教三年而后释放，罪恶中等的，劳教二年而后释放，罪恶轻的，劳教一年而后释放。如果不能改过自新，还想逃出圜土，抓住就杀掉。虽然被释放回乡，三年之内还不得与平辈的人序齿。对于收容在圜土中的罢民的用刑，只有精神上的，没有肉体上的；对于他们的处罚，只是强迫服劳役，不会让他们破财。

掌囚

【原文】

掌囚掌守盜賊，凡囚者。上罪梏、拲而桎，中罪桎梏，下罪梏，王之同族拲，有爵者桎，以待弊罪。及刑殺，告刑於王，奉而適朝士，加明梏，以適市而刑、殺之。凡有爵者與王之同族，奉而適甸師氏，以待刑、殺。

【译文】

掌囚的职责是掌管看守盗贼和所有在押的囚犯。对于重罪囚犯，给他们戴上双料手铐并外加脚镣；对于中罪囚犯，给他们戴上脚镣和手铐；对于轻罪囚犯，只给他们戴上手铐；囚犯如果是天子的同族，表示优待，只戴手铐，囚犯如果是有爵位者，表示优待，只戴脚镣，囚犯们戴着这些

刑具等待定罪。等到执行刑杀的时候，要将行刑的日期和所刑者的姓名禀告天子，然后把囚犯带到朝士那里，由朝士给囚犯戴上手铐，并且在手铐上写上其姓名和罪状，然后将囚犯押到市上执行刑杀。囚犯凡是有爵位者或是天子的同族，就把他们带到郊外甸师那里，以待执行刑杀。

掌　戮

【原文】

掌戮掌斬殺賊諜而搏之。凡殺其親者焚之，殺王之親者辜之。凡殺人者踣諸市，肆之三日。刑盜於市。凡罪之麗於灋者，亦如之。唯王之同族與有爵者，殺之於甸師氏。凡軍旅、田、役斬殺刑戮，亦如之。墨者使守門，劓者使守關，宫者使守内，刖者使守囿，髡者使守積。

【译文】

掌戮的职责是掌管斩杀犯上作乱者、充当间谍者，并暴其尸体。凡是杀害五服以内亲属者，处死之后还要焚烧其尸体；杀害天子的亲属者，处死之后还要将其尸体大卸八块。凡杀人者，杀之于市，并陈尸三日。处决大盗于市。凡所犯罪行够得上依法判处死刑者，也都处决于市。唯独天子的同族与有爵位者，杀之于郊外。凡军旅、畋役中的斩、杀、刑、戮，也都由掌戮执行。受过墨刑的人，可以让他们把守城门；受过劓刑的人，可以让他们把守边关；受过宫刑的人，可以让他们在王宫内服务；受过刖刑的人，可以让他们把守天子的动物园；受过髡刑的人，可以让他们看管仓库。

司　隸

【原文】

司隸掌五隸之灋，辨其物，而掌其政令。帥其民而搏盜賊，役國中之辱事，爲百官積任器，凡囚執人之事。邦有祭祀、賓客、喪紀之事，則役其煩辱之事。掌帥四翟之隸，使之皆服其邦之服，執其邦之兵，守王宫與野舍之厲禁。

【译文】

司隶的职责是掌管对五隶的管理，辨别五隶所穿的衣服、所持的兵器，掌管五隶的政令。率领五隶之民协助捕捉盗贼，干国中无人愿干的脏活儿累活儿，为百官积聚用具，捉拿一应罪人之事。国家有祭祀、宾客、丧纪之事，就指令五隶之民去干又重又脏的活儿。负责率领四狄的奴隶，让他们各自穿着本民族的服装，拿着本民族的兵器，守卫王宫与担当天子行宫的警卫。

罪　隸

【原文】

罪隸掌役百官府與凡有守者，掌使令之小事。凡封國若家，牛助爲牽徬。其守王宫與其厲禁者，如蠻隸之事。

【译文】罪隶的职责是接受百官官府以及一切有职守的部门的役使，负责听候使唤，为他们做些小事。凡是分封诸侯和都家，若王子出封，则从罪隶中选取奴隶，带去以备使唤。

【原文】

蠻隸

蠻隸掌役校人養馬。其在王宫者，執其國之兵以守王宫，在野外，則守厲禁。

【译文】蛮隶的职责是接受校人的役使负责养马。岗位在王宫的蛮隶，负责手执本国的兵器以守卫王宫。天子在野外止宿，则担任警卫。

【原文】

閩隸

閩隸掌役畜養鳥，而阜蕃教擾之。掌子則取隸焉。

【译文】闽隶的职责是接受掌畜的役使负责养鸟，使鸟儿繁殖增多，得到调教驯化，掌管与鸟儿对话。其负责守卫王宫与其担当天子行宫警卫的工作，和蛮隶的做法一样。

【原文】

夷隸

夷隸掌役牧人養牛馬，與鳥言。其守王宫者與其守厲禁者，如蠻隸之事。

【译文】夷隶的职责是接受牧人的役使负责养牛，大车运输时，对于不驾辕的牛，或者在前边牵着，或者在旁边跟着。其负责守卫王宫与其担当天子行宫警卫的工作，和蛮隶的做法一样。

【原文】

貉隸

貉隸掌役服不氏而養獸，而教擾之。掌與獸言。其守王宫者與守厲禁者，如蠻隸之事。

【译文】貉隶的职责是接受服不氏的役使负责饲养猛兽，并对猛兽进行调教驯化。掌管与猛兽对话。其负责守卫王宫与其担当天子行宫警卫的工作，和蛮隶的做法一样。

【原文】

布憲

布憲掌憲邦之刑禁。正月之吉，執旌節以宣布於四方，而憲邦之刑禁，以詰四方邦國及其都鄙，達於四海。凡邦之大事合衆庶，則以刑禁號令。

【译文】

布宪的职责是掌管悬挂公布国家的刑禁。每年的正月初一，就开始手执旌节将刑禁宣布于四方，悬挂公布国家的刑禁，以使四方诸侯与都鄙，甚至于九州之外的少数民族，都要小心在意地遵守。凡国家有集合民众的大事，就以刑禁号令民众。

禁殺戮

【原文】

禁殺戮掌司斬殺戮者，凡傷人見血而不以告者，攘獄者，遏訟者，以告而誅之。

【译文】

禁杀戮的职责是掌管伺察吏民中间擅自斩人、杀人、戮人以及伤人见血而受害一方被迫忍气吞声者，拒绝受理百姓诉状者，阻挠受害一方告状者，将这些情况报告给司寇，以追究当事人的责任。

禁暴氏

【原文】

禁暴氏掌禁庶民之亂暴力正者，撟誣犯禁者，作言語而不信者，以告而誅之。凡國聚衆庶，則戮其犯禁者以徇。凡奚、隸聚而出入者，則司牧之，戮其犯禁者。

【译文】

禁暴氏的职责是掌管禁止百姓中的恃强凌弱以力服人者，托名欺骗违犯禁令者，言语浮夸虚妄者，将这三种人报告给司寇，以追究当事人的责任。凡国家有聚集民众之事，则惩罚那些违犯禁令者以示众。凡是女奴男奴成群结队地出入，则负责监督他们，惩罚其违犯禁令者。

野廬氏

【原文】

野廬氏掌達國道路至於四畿。比國郊及野之道路、宿息、井、樹。若有賓客，則令守涂地之人聚柝之，有相翔者，則誅之。凡有節者及有爵者至，則爲之辟。禁野之横行徑踰者。凡道路之舟車擊互者，叙而行之。凡國之大事，比修除道路者。掌凡道禁。邦之大師，則令埽道路，且以幾禁行作不時者、不物者。

【译文】

野庐氏的职责是掌管从国都到四畿的所有道路的畅通。考查近郊、远郊以及野地的道路、

夜晚投宿的宾馆、白天歇脚的客店、提供饮食的水井、作为路标的树木的状况。如果有宾客在馆舍止宿，则令馆舍附近负责守护此段道路的居民为之击柝巡夜，如果发现有在馆舍周围徘徊观望意欲乘机盗窃者就抓起来予以惩处。凡道路狭窄而舟车拥挤造成交通堵塞时，要指挥疏通，使舟车有秩序地通过。凡是持有官方介绍信者以及有爵位者过路，就让守护该段道路的居民为之喝道。禁止在野地里不走正道随便穿越者和贪近求快不由桥梁而翻越堤渠者。凡国有大事，需要修补清理道路，则督促民夫，使有功效。掌管一切有关道路的禁令。国家有重大的军事行动，则下令清扫道路，并且盘查禁止那些起早搭黑赶路者、衣服打扮不一般者。

【原文】

蜡氏

蜡氏掌除骴。凡國之大祭祀，令州里除不蠲，禁刑者、任人及凶服者；以及郊野大師、大賓客亦如之。若有死於道路者，則令埋而置楬焉，書其日月焉，縣其衣服、任器於有地之官，以待其人。掌凡國之骴禁。

【译文】

蜡氏的职责是掌管掩埋无主的腐尸枯骨。凡国家举行大祭祀，就下令六乡清除不洁之物，禁止正在服刑的犯人、正在劳改的罢民以及身穿孝服的人露面；如果国家有重大的军事行动、诸侯前来朝觐，则不仅六乡，而且郊野也是这样。如果发现有死于道路者，则下令掩埋，并在掩埋处竖立标牌，上面写上月日，将死者的衣服、用器悬挂在当地官员的办公处，以待死者家属前来认领。掌管国家一切有关掩埋腐尸枯骨的禁令。

【原文】

雍氏

雍氏掌溝、瀆、澮、池之禁，凡害於國稼者。春令爲阱、擭、溝、瀆之利於民者，秋令塞阱杜擭。禁山之爲苑、澤之沈者。

【译文】

雍氏的职责是掌管禁止对沟、渎、浍、池等水利设施的破坏，凡有害于农作物的行为皆禁之。春天，农事将兴，就下令整修陷阱、柞鄂、沟渎等有利于民的设施；秋天，收割季节，就下令填塞陷阱，关闭柞鄂。禁止百姓在山中设置苑囿、在水泽中下毒药。

【原文】

萍氏

萍氏掌國之水禁。幾酒，謹酒，禁川游者。

【译文】

萍氏的职责是掌管国家的水禁。稽查民间酒的买卖是否超过规定的数量和时间，使百姓饮酒有节；禁止在大河里游泳，以防意外。

【原文】

司寤氏

司寤氏掌夜時，以星分夜，以詔夜士夜禁。禦晨行者，禁宵行者，夜遊者。

【译文】

司寤氏的职责是掌管报告夜间的时辰。根据天上星斗的位置区分夜的早晚，以告诉巡夜的官员实行夜禁。禁止天不亮就上路的，禁止天黑以后还行路的，禁止夜半三更出来游逛的。

【原文】

司烜氏

司烜氏掌以夫遂取明火於日，以鑒取明水於月，以共祭祀之明齍、明燭，共明水。凡邦之大事，共墳燭庭燎。中春，以木鐸修火禁於國中。軍旅，修火禁。邦若屋誅，則爲明竁焉。

【译文】

司烜氏的职责是掌管用阳燧在日光下聚焦取得火种，用铜镜在月光下承接露水，以便用此露水淘洗祭祀时敬神所用的黍稷，用此火种点燃火炬，提供充当玄酒的明水。凡有国家的大事，负责提供插在门口地上的粗大火炬和插在庭中地上的粗大火炬。每年的中春时节，摇动木铎，提醒城中所有的居民严防火灾。遇到军旅之事，更要提醒注意防火。国家如果在郊外的屋中处决罪犯，则负责掩埋，竖立标牌，上写其罪状及其罪名。

【原文】

條狼氏

條狼氏掌執鞭以趨辟。王出入則八人夾道，公則六人，侯伯則四人，子、男則二人。凡誓，執鞭以趨於前，且命之。誓僕右曰「殺」；誓馭曰「車轘」；誓大夫曰「敢不關，鞭五百」；誓師曰「三百」；誓邦之大史曰「殺」；誓小史曰「墨」。

【译文】

条狼氏的职责是掌管手执鞭子驱赶行人让路。天子出入则八人在车驾两边护卫，公爵出入则六人在车驾两边护卫，侯伯出入则四人在车驾两边护卫，子男出入则二人在车驾两边护卫。凡主管官员当众宣读誓辞时，就手执鞭子站在队伍的前面，高声重复誓辞中的惩罚语句。对仆右高声重复说如不听从命令，「杀」；对驭夫高声重复说如不听从命令，「车裂」；对大夫高声重复说「该请示的事情不请示，抽五百皮鞭」；对乐官们高声重复说如不听从命令，「抽三百皮鞭」；凡因国之大事举行宣誓时，就对所有参加宣誓的人高声重复说如不听从命令，「杀」；凡因国之小事举行宣誓时，则对所有参加宣誓的人高声重复说如不听从命令，「施以墨刑」。

【原文】

修閭氏

修閭氏掌比國中宿互柝者與其國粥，而比其追胥者而賞罰之。禁徑踰者，與以兵革趨行者，與馳騁於國中者。邦有故，則令守其閭互，唯執節者不幾。

【译文】

修闾氏的职责是掌管考核城内百官官府中负责设置梐枑击柝巡夜的宿卫者以及由国家供养的羡卒，考核他们追逐敌寇、伺捕盗贼的成绩而予以赏罚。禁止人们大路不走偏走小路、有桥不走偏要翻越堤渠，禁止带着武器急走，禁止在城中超速驾车。如果国家有事，则下令闾胥召集闾民守卫闾门，在闾门前设置梐枑，除了持有证明、介绍信者以外，盘查一切行人。

【原文】

冥氏

冥氏掌設弧、張。爲阱、擭，以攻禽獸，以靈鼓敺之。若得其獸，則獻其皮、革、齒、須、備。

【译文】

冥氏的职责是：掌管设置机弩、网罗，以捕捉禽兽。设置陷阱、机关，以捕捉猛兽，敲响灵鼓，以惊动猛兽，使其落入陷阱，触动机关。如果捕得猛兽，就献出猛兽的皮、革、牙齿、胡须、脚爪。

【原文】

庶氏

庶氏掌除毒蠱，以攻説禬之，以嘉草攻之。凡敺蠱，則令之比之。

【译文】

庶氏的职责是掌管驱除害人的蛊，一方面祈祷神灵除掉它，一方面点燃嘉草烟熏它。凡驱除害人的蛊，事前负责发布命令，事后负责检查。

【原文】

穴氏

穴氏掌攻蟄獸，各以其物火之。以時獻其珍異、皮革。

【译文】

穴氏的职责是掌管捕捉冬季蛰伏的野兽，先将其爱吃的食物在洞口火烧，引诱其出洞，然后才好捕捉。按时进献难得的野味和皮革。

【原文】

翨氏

翨氏掌攻猛鳥，各以其物爲媒而掎之。以時獻其羽翮。

【译文】

翟氏的职责是掌管捕捉猛鸟，先将其爱吃的小鸟作为诱饵放在罗网下面，等猛鸟下来取食时，将其脚绊住，然后捕捉。按时进献猛鸟的羽翮。

【原文】

柞氏

柞氏掌攻草木及林麓。夏日至，令刊陽木而火之；冬日至，令剥陰木而水之。若欲其化也，則春秋變其水火。凡攻木者，掌其政令。

【译文】

柞氏的职责是掌管砍伐天然生长的林木和山脚的人造林木。砍伐的时候，如果是夏至之月，就下令先行砍去山南之树的靠近树根的树皮，砍倒之后，焚烧树墩，使其不再发芽生枝；如果是冬至之月，就下令先行剥掉山北之树的靠近树根的树皮，砍倒之后，浸泡树墩，使其不再发芽生枝。如果要把砍伐过的林区变成耕地，就将冬至之月用水浸泡过的林区在来年春天用火焚烧，而将夏至之月用火烧过的林区在秋天用水浸泡，如此则土地和美。凡涉及砍伐树木的政令，由柞氏掌管。

【原文】

薙氏

薙氏掌殺草。春始生而萌之，夏日至而夷之，秋繩而芟之，冬日至而耜之。若欲其化也，則以水火變之。掌凡殺草之政令。

【译文】

薙氏的职责是掌管除草。春天杂草开始出生，就用锄头锄掉它；夏至之月，就用镰刀挨着地皮割掉它；秋天杂草已经结籽，就用大镰刀割掉它；冬至之月，天寒地冻，就用犁地的办法铲除它。如果想把杂草变成肥料，就将锄掉割掉的草先用火烧，然后用水浸泡即可。掌管所有涉及除草的政令。

【原文】

硩蔟氏

硩蔟氏掌覆天鳥之巢。以方書十日之號，十有二辰之號，十有二月之號，十有二歲之號，二十有八星之號，縣其巢上，則去之。

【译文】

硩蔟氏的职责是掌管捣毁妖鸟的鸟巢。在木板上写上十日的名称，十二辰的名称，十二月的名称，十二岁的名称，二十八宿的名称，将此木板悬挂到妖鸟的鸟巢上，妖鸟看到，就会躲开。

【原文】

翦氏

翦氏掌除蠹物，以攻、禜攻之，以莽草熏之。凡庶蠱之事。

【译文】

翦氏的职责是掌管除去蠹虫，一方面祈祷神灵驱除它，一方面点燃莽草熏死它，掌管除去各种蠹虫之事。

赤犮氏

【原文】

赤犮氏掌除墻屋，以蜃炭攻之，以灰灑毒之。凡隙屋，除其貍蟲。

【译文】

赤犮氏的职责是掌管清除藏在墙屋中的虫豸，将蛤蜊壳捣成碎末撒到墙屋上面可以将虫豸赶跑，将这种碎末和成灰汁洒到墙屋上面可以将虫豸毒死。凡是有缝隙的老屋，掌管清除藏在孔穴中的虫子。

蟈氏

【原文】

蟈氏掌去鼃黽，焚牡蘜，以灰灑之，則死。以其煙被之，則凡水蟲無聲。

【译文】

蟈氏的职责是掌管除去叫声聒耳的青蛙耿黾，将不结籽的菊花烧成灰，兑水拌成灰汁，洒在水里，就可将其毒死。如果将焚烧牡菊的烟播散到水面上，就会使水中所有的虫子停止鸣叫。

壺涿氏

【原文】

壺涿氏掌除水蟲，以炮土之鼓驅之，以焚石投之。若欲殺其神，則以牡橭午貫象齒而沈之，則其神死，淵爲陵。

【译文】

壶涿氏的职责是掌管除去水中的毒虫，以敲击瓦鼓的声音驱赶它，以烧红的石头投入水中发出声响来吓走它。如果要杀死水中毒虫之神，就用榆木，上面打眼，以象牙交叉贯穿，沉于水中，则其神立死，深谷变为丘陵。

庭氏

【原文】

庭氏掌射國中之夭鳥。若不見其鳥獸，則以救日之弓與救月之矢夜射之。若神也，則以大陰之弓與枉矢射之。

【译文】

庭氏的职责是掌管射杀王城中的妖鸟。如果在夜间只听见妖鸟妖兽的骇人叫声而看不到其形状，就用救日之弓与救月之矢循声射之。如果是神怪发出的声音，就用救月之弓与枉矢循

声射之。

銜枚氏

【原文】

銜枚氏掌司囂。國之大祭祀，令禁無囂。軍旅、田役，令銜枚。禁嘂呼嘆嗚於國中者，行歌、哭於國中之道者。

【译文】

銜枚氏的职责是掌管伺察朝会上的喧哗者。国家举行大祭祀的时候，下令禁止喧哗。在军事行动中、因畋猎而征调徒役时，下令銜枚。禁止在王城内大呼大叫高声吟叹，禁止在王城内的街道上走着唱着和走着哭着。

伊耆氏

【原文】

伊耆氏掌國之大祭祀共其杖咸。軍旅，授有爵者杖。共王之齒杖。

【译文】

伊耆氏的职责是掌管国家举行大祭祀时为老臣提供临时存放拐杖的匣子。遇到军事行动，向有爵位者授杖。供给天子赐给老臣用的拐杖。

大行人

【原文】

大行人掌大賓之禮及大客之儀，以親諸侯。春朝諸侯而圖天下之事，秋覲以比邦國之功，夏宗以陳天下之謨，冬遇以協諸侯之慮，時會以發四方之禁，殷同以施天下之政，時聘以結諸侯之好，殷覜以除邦國之慝，間問以諭諸侯之志，歸脤以交諸侯之福，賀慶以贊諸侯之喜，致禬以補諸侯之災。

以九儀辨諸侯之命，等諸侯之爵，以同邦國之禮而待其賓客。上公之禮：執桓圭九寸，繅藉九寸，冕服九章，建常九斿，樊纓九就，貳車九乘，介九人，禮九牢，其朝位賓主之間九十步，立當車軹；擯者五人，廟中將幣，三享；王禮，再祼而酢，饗禮九獻，食禮九舉，出入五積，三問、三勞。諸侯之禮：執信圭七寸，繅藉七寸，冕服七章，建常七斿，樊纓七就，貳車七乘，介七人，禮七牢；朝位賓主之間七十步，立當前疾，擯者四人；廟中將幣，三享；王禮，壹祼而酢，饗禮七獻，食禮七舉，出入四積，再問再勞。諸伯執躬圭，其他皆如諸侯之禮。諸子執穀璧五寸，繅藉五寸，冕服五章，建常五斿，樊纓五就，貳車五乘，介五人，禮五牢，朝位賓主之間五十

步，立當車衡，擯者三人，廟中將幣，三享；　王禮，壹祼不酢，饗禮五獻，食禮五舉，出入三積，壹問，壹勞。諸男執蒲璧，其他皆如諸子之禮。

凡大國之孤執皮帛，以繼小國之君，出入三積，不問，壹勞，朝位當車前，不交擯，廟中無相，以酒禮之，其他皆眡小國之君。凡諸侯之卿，其禮各下其君二等，以下及其大夫、士皆如之。

邦畿方千里。其外方五百里謂之侯服，歲壹見，其貢祀物。又其外方五百里謂之甸服，二歲壹見，其貢嬪物。又其外方五百里謂之男服，三歲壹見，其貢器物。又其外方五百里謂之采服，四歲壹見，其貢服物。又其外方五百里謂之衛服，五歲壹見，其貢材物。又其外方五百里謂之要服，六歲壹見，其貢貨物。九州之外謂之蕃國，世壹見，各以其所貴寶爲摯。

王之所以撫邦國諸侯者，歲徧存；三歲徧覜；五歲徧省；七歲屬象胥，諭言語，協辭命；九歲屬瞽、史，諭書名，聽聲音；十有一歲達瑞節，同度量，成牢禮，同數器，修灋則；十有二歲王巡守，殷國。凡諸侯之王事，辨其位，正其等，協其禮，賓而見之。若有大喪，則詔相諸侯之禮。若有四方之大事，則受其幣，聽其辭。凡諸侯之邦交，歲相問也，殷相聘也，世相朝也。

【译文】

大行人的职责是掌管接待来朝诸侯的礼仪以及接待诸侯所派来聘的孤卿的礼仪，以亲善诸侯。春天接见来朝的诸侯以谋划天下之事，秋天接见来朝的诸侯以考查诸侯的政绩，夏天接见来朝的诸侯以陈述治理天下的大计，冬天接见来朝的诸侯以协调诸侯的谋虑，不定期地会见诸侯以发布对四方诸侯的禁令，会见六服齐来朝见的诸侯以实施治理天下的政令。按时派遣卿大夫访问诸侯以建立与诸侯友好的关系，每隔一年就派遣卿大夫对诸侯进行一次普遍访问以除去诸侯的恶行，每隔一年就派遣使者访问一次诸侯以晓谕诸侯使之安心，将祭神剩下的肉馈赠诸侯以使诸侯也得到福佑，派遣使者送去贺礼以赞助诸侯的喜事，派遣使者送去救济物资以弥补诸侯因战败而受到的损失。

以九等不同规格的接待礼仪来区别来朝诸侯命数的高低，以及诸侯所派使臣爵位的贵贱，以统一邦国的接待规格，从而接待来朝的诸侯以及来聘的诸侯的使者。上公的礼数是：手执九寸长的桓圭，桓圭的彩色衬垫长度也是九寸，身穿有九种图案的礼服，车上竖立的旗子缀有九根飘带，马身上的樊缨都以五彩毛织品缠绕九圈，随从的副车有九辆，携带的副手有九名，天子馈赠的饔饩是九牢，大门外贵宾下车和主人出门迎接的位置相距九十步，上公立在靠近车轵的地方，天子派出五个傧相负责迎接导引，上公在天子的始祖庙中朝见天子，首先将瑞玉呈送天子，而后向天子行三次享礼；礼毕，天子向上公敬献两次郁鬯香酒，然后上公酌酒回敬天子，天

子举行盛大的宴会招待上公，行九献之礼，在招待上公的食礼上九次为客人布菜，在从来到去的路上，为上公安排五次牲牢粮草的补给，上公入境以后，天子派人在路上问候三次，慰劳三次。诸侯的礼数是手执七寸长的信圭，信圭的彩色衬垫长度也是七寸，身穿有七种图案的礼服，车上竖立的旗子缀有七根飘带，马身上的樊缨都以五彩毛织品缠绕七圈，随从的副车有七辆，携带的副手有七名，天子馈赠的饔饩是七牢，大门外贵宾下车和主人出门迎接的位置相距七十步，诸侯立在车辀的弯曲部分，天子派出四个傧相负责迎接导引； 诸侯在天子的始祖庙中朝见天子，首先将瑞玉呈送天子，而后向天子行三次享礼； 礼毕，天子向诸侯敬献一次郁鬯香酒，然后诸侯酌酒回敬天子； 天子举行盛大的宴会招待诸侯，行七献之礼； 在招待诸侯的食礼上七次为客人布菜； 在从来到去的路上，为诸侯安排四次牲牢粮草的补给； 诸侯入境以后，天子派人在路上问候两次，慰劳两次。 诸伯的礼数是手执七寸长的躬圭，其他礼数都和诸侯的礼数一样。诸子的礼数是： 手执直径五寸的谷璧，谷璧的彩色衬垫直径也是五寸，身穿有五种图案的礼服，车上竖立的旗子缀有五根飘带，马身上的樊缨都以五彩毛织品缠绕五圈，随从的副车有五辆，携带的副手有五名，天子馈赠的饔饩是五牢，大门外贵宾下车和主人出门迎接的位置相距五十步，诸子立在靠近车衡的地方，天子派出三个傧相负责迎接导引； 诸子在天子的始祖庙中朝见天子，首先将瑞玉呈送天子，而后向天子行三次享礼； 礼毕，天子向诸子敬献一次郁鬯香酒，诸子不须回敬； 天子举行盛大的宴会招待诸子，行五献之礼； 在招待诸子的食礼上五次为客人布菜； 在从来到去的路上，为诸子安排三次牲牢粮草的补给； 诸子入境以后，天子派人在路上问候一次，慰劳一次。 诸男的礼数是： 手执直径五寸的蒲璧，其他礼数都和诸子一样。

凡是大国的孤衔命来聘就以皮帛作为见面礼，朝见天子的顺序排在小国之君的后面； 在从来到去的路上，为大国之孤安排三次牲牢粮草的补给； 入境之后，不须派人问候，只须派人在近郊慰劳一次即可； 大门外孤下车和上傧出门迎接的位置也是相距五十步，孤立在车前； 大门外不行交摈之礼； 在天子的始祖庙中行礼时，不用副手帮忙； 礼毕，天子向孤敬献一次醴齐。 其他方面的礼数都比照小国之君。 凡是诸侯的卿衔命来聘，其礼数各自比照其国君降低二等； 其大夫，则比照其卿降低二等； 其士，则比照其大夫降低二等。

天子直辖领土的面积是方千里，其外方五百里的地方叫做侯服，侯服的诸侯每年朝见一次天子，同时进贡祭祀所用之物。 侯服之外方五百里的地方叫做甸服，甸服的诸侯每两年朝见一次天子，同时进贡招待宾客所用之物。 甸服之外方五百里的地方叫做男服，男服的诸侯每三年朝见一次天子，同时进贡尊彝之类的器物。 男服之外方五百里的地方叫做采服，采服的诸侯每四年朝见一次天子，同时进贡可供穿着之物。 采服之外方五百里的地方叫做卫服，卫服的诸侯每五年朝见一次天子，同时进贡玉石珠象等原材料。 卫服之外方五百里的地方叫做要服，要服的诸侯每六年朝见一次天子，同时进贡龟贝之类的货物。 九州之外的地方叫做蕃国，蕃国的诸侯只需要在新君即位的时候来朝见一次天子，同时各自以其所宝贵的东西作为见面礼即可。

天子用来安抚邦国诸侯的办法是：从巡守的次年开始，第一年，派使者对所有的诸侯进行普遍问候；第三年，派使者对所有的诸侯进行普遍看望；第五年，派使者对所有的诸侯进行普遍探视；第七年，聚集各诸侯国的翻译官，晓谕其语言，协调其辞令；第九年，聚集各诸侯国的乐师、太史、小史，晓谕其文字，审听其音律；第十一年，统一各诸侯国的瑞玉和使节，统一其计量长短、容积的标准，统一其牢礼标准，统一其计量轻重的标准，完善其法则；第十二年，天子亲自巡守天下，或在所至之国召集众多诸侯前来朝见。凡诸侯有朝见天子之事，就负责辨别其朝位，确定其尊卑等级，妥善处理其接待礼数，充当傧相而使其朝见天子。如有国丧，则负责告诉、指点诸侯如何行礼。如果四方诸侯遭到兵寇而前来告急，则负责接受其礼品，听取其要求，并将情况转达天子。凡诸侯之间的邦交，每年都要派遣大夫互相聘问，每间隔几年要派遣卿互相聘问，新君即位时要互相朝见。

小行人

【原文】

小行人掌邦國賓客之禮籍，以待四方之使者。令諸侯春入貢，秋獻功，王親受之，各以其國之籍禮之。凡諸侯入王，則逆勞於畿。及郊勞、眡館，將幣，爲承而擯。凡四方之使者，大客則擯，小客則受其幣而聽其辭。使適四方，協九儀賓客之禮：朝、覲、宗、遇、會同，君之禮也；存、覜、省，聘、問，臣之禮也。

達天下之六節：山國用虎節，土國用人節，澤國用龍節，皆以金爲之；道路用旌節，門關用符節，都鄙用管節，皆以竹爲之。成六瑞：王用瑱圭，公用桓圭，侯用信圭，伯用躬圭，子用穀璧，男用蒲璧。合六幣：圭以馬，璋以皮；璧以帛，琮以錦；琥以繡，璜以黼。此六物者，以和諸侯之好故。

若國札喪，則令賻補之；若國凶荒，則令賙委之；若國師役，則令槁襘之；若國有福事，則令慶賀之；若國有禍災，則令哀弔之。凡此五物者，治其事故。及其萬民之利害爲一書，其禮俗、政事、教治、刑禁之逆順爲一書，其悖逆、暴亂、作慝、猶犯令者爲一書，其札喪、凶荒、戹貧爲一書，其康樂、和親、安平爲一書。凡此五物者，每國辨異之，以反命於王，以周知天下之故。

【译文】

小行人的职责是掌管载有各诸侯国国君及其卿大夫名位尊卑之书，据以接待来自四方诸侯的使者。命令诸侯，春天交纳贡品，秋天汇报政绩，天子亲自接受其交纳的贡品和汇报的政绩，并按照载有各国国君名位尊卑之书来安排其接待规格。凡诸侯来朝见天子，就负责到王畿的边

界上迎接慰劳；　等到对来朝的诸侯进行郊劳时、为其安排下榻的宾馆时、诸侯在庙中向天子呈送瑞玉时，都作为承摈而进行接待。　对于四方诸侯的使者的接待，如果是要服以内诸侯的孤卿，就作为傧相安排他们晋见天子，以便面谈；　如果是蕃国诸侯的使臣，就径自接受其礼品，听取其要求，然后转告天子。　如果奉命被派到四方充当使者，则妥善处理九种不同规格的接待宾客的礼数：　朝、觐、宗、遇、会、同，是邦国之君应做到的礼数；　存、覜、省、聘、问，是臣子应做到的礼数。

统一天下的六种符节：　多山之国的使臣出聘，沿途要使用虎节；　平地多的国家的使臣出聘，沿途要使用人节；　水乡泽国的使臣出聘，沿途要使用龙节，这三种节都是用铜制成。　道路通行要使用旌节，进出城门关卡要使用符节，都鄙之内通行要使用管节，这三种节都是用竹制成。　统一六种瑞玉，不得僭越使用：　天子使用瑱圭，公爵使用桓圭，侯爵使用信圭，伯爵使用躬圭，子爵使用谷璧，男爵使用蒲璧。　统一享礼所用的六套礼品：　圭与马配成一套；　璋与虎豹之皮配成一套；　璧与束帛配成一套；　琮与束锦配成一套；　琥与五彩齐备的帛配成一套；　璜与织有黑白二色的帛配成一套。　这六套礼物，是用来和诸侯建立亲善关系用的。

如果某个诸侯国因发生疾疫而造成人民死亡，就让其他诸侯国捐献钱财以帮助办理丧事；　如果某个诸侯国遭到凶年饥荒，就让其他诸侯国开仓救济它；　如果某个诸侯国遭到兵寇蹂躏，就让其他诸侯国捐献财物以弥补其损失；　如果某个诸侯国有了喜庆之事，就让其他诸侯国都

去庆贺；　如果某个诸侯国遭到了水灾火灾，就让其他诸侯国都去哀悼慰问。　上述五种情况，由小行人予以妥善处理。　在奉命出使四方的时候，要留心考察，将各个诸侯国人民认为是有利的事情和有害的事情编为一书，将各个诸侯国的礼俗、政事、教治、刑禁的违背和遵守的情况编为一书，将各个诸侯国的悖逆、暴乱、作恶和图谋不轨的情况编为一书，将各个诸侯国发生的疾疫死人、凶年饥荒、困苦贫穷的情况编为一书，将各个诸侯国人民生活得康乐、和睦、平安的情况编为一书。　上述的五种情况，以每一个诸侯国为单位条列清楚，用以回头向天子汇报，用以使天子周知天下之事。

【原文】

司　儀

司儀掌九儀之賓客擯相之禮，以詔儀容、辭令、揖讓之節。將合諸侯，則令爲壇三成，宫旁一門。詔王儀：　南鄉見諸侯，土揖庶姓，時揖異姓，天揖同姓。及其擯之，各以其禮：　公於上等，侯伯於中等，子男於下等。其將幣亦如之，其禮亦如之。王燕，則諸侯毛。

凡諸公相爲賓，主國五積，三問，皆三辭，拜受，皆旅擯；　再勞，三辭，三揖，登，拜受，拜送。主君郊勞，交擯，三辭，車逆，拜辱，三揖，三辭，拜受。車送，三還，再拜。致館亦如之。致飧如致積之禮。及將幣，交擯，三

辭，車逆，拜辱，賓車進答拜，三揖三讓。每門止一相，及廟，唯上相入。賓三揖三讓，登。再拜授幣。賓拜送幣。每事如初。賓亦如之。及出，車送，三請，三進，再拜。賓三還三辭，告辟。致饔餼，還圭，饗，食，致贈，郊送：皆如將幣之儀。賓之拜禮：拜饔餼，拜饗、食。賓繼主君，皆如主國之禮。諸侯、諸伯、諸子、諸男之相爲賓也，各以其禮，相待也如諸公之儀。

諸公之臣相爲國客，則三積，皆三辭，拜受。及大夫郊勞，旅擯，三辭，拜辱。三讓，登。聽命，下拜，登受。賓使者如初之儀。及退，拜送。致館如初之儀。及將幣，旅擯，三辭，拜逆，客辟，三揖，每門止一相，及廟，唯君相入。三讓，客登。拜，客三辟。授幣，下，出。每事如初之儀。及禮，私面，私獻，皆再拜稽首。君答拜。出及中門之外，問君，客再拜對。君拜。客辟而對。君問大夫，客對。君勞客，客再拜稽首。君答拜，客趨辟。致饔餼，如勞之禮。饗食、還圭，如將幣之儀。君館客，客辟，介受命；遂送。客從拜辱於朝。明日，客拜禮賜，遂行。如入之積。凡侯、伯、子、男之臣，以其國之爵相爲客而相禮，其儀亦如之。

凡四方之賓客，禮儀、辭命、餼牢、賜獻，以二等從其爵而上下之。凡賓客，送逆同禮。凡諸侯之交，各稱其邦而爲之幣，以其幣爲之禮。凡行人之儀，不朝，不夕，不正其主面，亦不背客。

【译文】

司仪的职责是在接待宾客的九等礼仪中掌管摈相之礼，将接待宾客时应有的仪态、恰当的辞令以及如何作揖和谦让等礼节告诉天子。天子因为有事要集合诸侯，就下令在城外建筑一个三层的土坛，坛的四面有土墙围绕，每一面土墙设置一门。告诉天子礼数：登坛，面向南接见诸侯，对庶姓诸侯施以土揖，对异姓诸侯施以时揖，对同姓诸侯施以天揖。等到让上摈传见五等诸侯时，各自按照他们应享受的礼数：上公在坛的最上层晋见，侯伯在坛的中间一层晋见，子男在坛的最下层晋见。五等诸侯向天子呈交瑞玉时也是这样，天子向五等诸侯敬献郁鬯时也是这样。如果天子在路寝设宴招待诸侯，则诸侯的座次只按照年龄大小而不按照爵位高低。

凡是上公之间互相到对方做客，则主国在从来到去的路上为客人安排五次粮草的补给；客人入境以后，主国派遣卿大夫沿途问候三次；对于主国的这种盛情，都是由客人的上介在客舍门外三次表示辞谢，不得已，然后才由客人亲自拜谢表示接受；在举行补给、问候仪式时，主客双方都要在客舍的大门外把自己所带的摈介一字儿摆开；主国还要派遣卿大夫携带礼品前往途中的客舍迎着客人慰劳两次，客人则由上介在门外三次表示辞谢，不得已，乃将主国使者迎进门，宾主双方在庭中互相作了三次揖，然后使者登堂，向客人转达主国国君的慰劳之意，客人

于是拜受慰劳品； 礼毕，客人拜送使者出门。 客人到达近郊，主国国君要亲自前往慰劳，双方将各自的摈介在门外一字儿摆开，宾主并不直接对话，而是由双方的摈介传辞，通过这种方式，主人一方三次表示慰劳之意，客人一方三次表示不敢当； 传辞之后，客人乘车出门迎接主国国君，拜谢其屈尊前来慰劳，而后宾主一同进门，在庭中行进时互相作了三次揖，来到堂阶前，双方三次互相谦让谁先登阶升堂，结果是客人率先升堂，主国国君随着升堂，于是客人行再拜礼，表示接受主国国君的慰劳礼品； 等到主国国君离去时，客人又乘车送行； 主国国君看到客人为自己送行，就三次转过身来辞谢，客人于是就以再拜之礼和主国国君告别。 客人到达主国国都后，为客人安排下榻的宾馆的礼仪也是这样。 客人安顿下来以后，为客人安排便宴的礼数，如同途中为客人补给粮草的礼数。 等到客人向主国国君呈送瑞玉时，宾主双方都将各自的摈介在大门外一字儿摆开，宾主并不直接对话，而是通过双方的摈介传词来沟通意思： 客人一方三次表示要呈交瑞玉，主人一方则三次表示不敢当； 在答应了客人的要求之后，主国国君就乘车出门迎接客人，见到客人的车子以后就首先下车，拜谢客人的枉驾来访，而客人也驱车向前，下车答拜； 宾主双方在门外互相作了三次揖，在进入大门时又互相谦让了三次； 每经过一道门，双方都各自留下一个摈介，等走到始祖庙的庙门时，只有主人的上摈与客人的上介随着进去。 进入庙门以后，宾主在庭中互相作了三次揖，来到堂阶前，双方又三次互相谦让谁先登堂； 主人先登，客人继登，主人行再拜礼，表示对客人来访的欢迎，并接受客人呈交的瑞玉； 客人则在瑞

玉呈交之后向主人行拜送礼。 此后的三享之礼以及三享之后客人的有事要说之礼，其礼数如同呈交瑞玉之礼。 主人向客人敬献郁鬯香酒时的礼数也是这样。 等到客人告辞退出时，主国国君在门外乘车相送，主国国君三次请客人上车，每请一次，主人的车子就前进一点，以示意将要远送； 而客人对主人的每一次敦请上车，都要转过身来辞谢一次，这样地连续辞谢三次； 而对于主人的再拜送别，客人告以不敢当而避开。 此后的主人向客人馈赠饔饩之礼，向客人归还瑞玉之礼，为客人安排飧食之礼，临别时向客人赠送财物之礼，将客人送至近郊之礼，其礼数都和呈交瑞玉时的礼数一样。 客人在回国上路之前，要到主国的外朝行拜谢之礼： 拜谢其馈赠饔饩，拜谢其安排飧食。 客人对于入境以后主国国君给予的种种盛情款待，要反宾为主地予以回报，回报的礼品大体上都和主国赠予的礼品相等。 诸侯之间互相到对方做客，诸伯之间互相到对方做客，诸子之间互相到对方做客，诸男之间互相到对方做客，也都各自按照其应享受的礼数行事，而互相接待的具体礼仪则与上公之间互访的礼仪无别。

上公的臣子互相到对方国家聘问，则主国在从来到去的路上要为聘使安排三次粮草的补给，聘使则三次表示辞谢，而后拜谢接受。 聘使到达近郊，主国国君则派遣大夫携带礼品前往慰劳，宾主双方在客舍门外将自己所带的摈介一字儿摆开，聘使一而再再而三地辞谢，不得已，乃拜谢大夫枉驾惠顾； 宾主进入郊舍之门，分别走到堂下的东阶、西阶前，聘使三次谦让请大夫先登阶，大夫则三次辞谢，而后聘使领先登堂，聆听大夫转达主国国君的慰劳之命； 为表示尊

敬主国国君的慰劳之命，聘使下堂，面向北，行再拜稽首礼，然后升堂，接受慰劳礼品。此后，聘使又反宾为主，把作为主国使者的大夫当做客人而向他回赠礼物，回赠使者礼物的礼仪和大夫郊劳聘使的礼仪一样。等到使者退出客舍时，聘使行再拜礼，将大夫送出门外。为聘使安排下榻宾馆的礼仪也和郊劳的礼仪一样。等到聘使向主国国君呈交作为信使的瑞玉时，宾主双方都要把自己带的摈介在大门外一字儿摆开，对聘使的来访，主人一方三次表示不敢当；然后主国国君在大门内迎接聘使，拜谢其奉君命枉驾惠顾，聘使则左右躲闪，表示不敢当，所以也不答拜；进门以后，宾主在庭中行进时互相作揖三次；每经过一道门，宾主双方都各自留下一个摈介，等走到始祖庙的庙门时，只有主国国君的上摈随着进去。进入庙门以后，宾主来到堂阶前，双方又三次互相谦让谁先登堂；主人先登，客人继登；聘使转达己君对主国国君的友好问候之词，主国国君行再拜礼表示感谢，聘使则向后退了三次，以躲避主君的拜礼；聘使向主国国君呈交瑞玉以后，走下堂去，出庙。此后的三享之礼以及三享之后聘使的有事要说之礼，其礼仪都如同呈交瑞玉之礼。当主国国君请聘使接受醴礼时，当聘使以个人名义晋见主国国君时，当聘使将个人的礼品以国君的名义献给主国国君时，聘使都要行再拜稽首的大礼，而主国国君则答以再拜之礼。礼毕，主国国君把聘使送出庙门，等走到中门之外时，主君问聘使贵国国君身体好吧。聘使向主君行再拜礼表示感谢，并做了肯定的回答，主君则行再拜礼表示欣慰，聘使则避开主君的再拜，进一步回答己君的近况；主国国君又问聘使贵国卿大夫的身体怎样。聘使也作了肯定的回答；主国国君又慰劳聘使说路途遥远，一路辛苦。聘使行再拜稽首礼以表示感谢。主国国君答拜，聘使则连忙跑着避开。主国国君向聘使馈赠饔饩之礼的礼数，如同郊劳之礼。主国为聘使安排飧食之礼，退还瑞玉之礼，其礼数都和呈交瑞玉时的礼数一样。在聘使动身回国的前一天，主国国君到宾馆去看望聘使，聘使认为不敢当，所以避而不见，而让自己的上介到宾馆门外聆听主君的送别之词；之后，主国国君行再拜礼，珍重道别；聘使则跟从主君到朝，拜谢其屈尊来馆看望。第二天，聘使到库门外的外朝拜谢主君在访问期间每天额外供给乘禽。接着就上路回国，归途上的粮草补给和来的时候一样。凡是侯、伯、子、男的臣子互相到对方国家访问，就按照其在本国爵位的尊卑而以礼相待，其具体仪式则和接待上公之臣的仪式一样。

凡是来自四方诸侯的宾客，对于接待他们的礼仪、辞令、饩牢、赐献，可以在以其爵位为标准的基础上，或者提高两个档次，或者降低两个档次。凡是宾客，来的时候都要以礼相迎，走的时候都要以礼相送。凡是诸侯之间的交往，朝聘一方所带礼品的多少要和自己的国家相称，而主人一方则根据朝聘一方所送礼品的多少而决定回赠的多少。凡是大行人、小行人作为摈相传辞时的仪态：脸不能正向东，也不能正向西，不能正对着主人，也不能正背着客人。

【原文】

行　夫

行夫掌邦國傳遽之小事，媺惡而無禮者。凡其使也，必以旌節。雖道有難而不時，必達。居於其國，則掌行人之勞辱事焉，使則介之。

【译文】

行夫的职责是诸侯有了值得庆贺或者值得慰问而又不须携带礼品的小事，就由行夫负责乘驿站的传车前往。行夫的每次出使，必以旌节为凭证。即使由于道路难走而不能及时到达，但最终一定要到达目的地。在诸侯国停留期间，则负责完成大、小行人指令干的重活儿脏活儿，大、小行人出使则行夫充当他们的介。

環人

【原文】

環人掌送逆邦國之通賓客，以路節達諸四方。舍則授館，令聚柝；有任器，則令環之。凡門關無幾，送逆及疆。

【译文】

环人的职责是掌管迎送诸侯的由于平常事务而来往的宾客，凭着旌节将他们送到王畿的四境。路上，宾客需要止宿时，负责为之安排馆舍，并令野庐氏组织民众为之击柝巡夜；对于宾客所带的用具，也组织人员围绕看守。对于有环人伴迎伴送的宾客，所有的城门和关卡都免于盘查，宾客来时在边境相迎，走时也送到边境。

象胥

【原文】

象胥掌蠻、夷、閩、貉、戎、狄之國使，掌傳王之言而諭說焉，以和親之。若以時入賓，則協其禮，與其辭言傳之。凡其出入送逆之禮節、幣帛、辭令而賓相之。凡國之大喪，詔相國客之禮儀，而正其位。凡軍旅、會同，受國客幣而賓禮之。凡作事，王之大事諸侯，次事卿，次事大夫，次事上士，下事庶子。

【译文】

象胥的职责是掌管蛮、夷、闽、貉、戎、狄等少数民族国家派来覜聘的使者，负责将天子所说的话翻译成他们能听懂的话而晓谕他们，以建立和睦相亲的关系。如果是蕃国的国君按时来朝，则妥善处理接待他们的礼数，将他们所说的话，翻译成汉语传达给天子。凡是有关他们出出进进、送往迎来的礼节、币帛、辞令，统统由象胥以摈的身份指教其礼仪。凡有国丧，对于前来吊唁的诸侯使者，负责指教其礼仪，明确其行礼的位置。凡军旅、会同之事，负责接受诸侯使者带来的礼品，并以宾客之礼接待他们。凡作事，天子的大事使诸侯来做，次一等的事使卿来做，次一等的事使大夫来做，次一等的事使士来做，最不要紧的事使庶子来做。

【原文】

掌客

掌客掌四方賓客之牢禮、餼獻、飲食之等數與其政治。王合諸侯而饗禮，則具十有二牢，庶具百物備；諸侯長，十有再獻。王巡守、殷國，則國君膳以牲犢，令百官百牲皆具。從者，三公眡上公之禮，卿眡侯伯之禮，大夫眡子男之禮，士眡諸侯之卿禮，庶子壹眡其大夫之禮。

凡諸侯之禮：上公五積，皆眡飧牽，三問皆脩。羣介、行人、宰、史皆有牢。飧五牢，食四十，簠十，豆四十，鉶四十有二，壺四十，鼎、簋十有二，牲三十有六，皆陳。饔餼九牢，其死牢如飧之陳，牽四牢，米百有二十筥，醯醢百有二十甕，車皆陳；車米眡生牢，牢十車，車秉有五籔，車禾眡死牢，牢十車，車三秅，芻薪倍禾，皆陳。乘禽日九十雙。殷膳大牢。以及歸，三饗、三食、三燕；若弗酌，則以幣致之。凡介、行人、宰、史，皆有飧、饔餼，以其爵等爲之牢禮之陳數，唯上介有禽獻。夫人致禮：八壺、八豆、八籩，膳大牢，致饗大牢，食大牢。卿皆見，以羔，膳大牢。

侯伯四積，皆眡飧牽，再問皆脩。飧四牢，食三十有二，簠八，豆三十有二，鉶二十有八，壺三十有二，鼎簋十有二，腥二十有七，皆陳。饔餼七牢，其死牢如飧之陳，牽三牢，米百筥，醯醢百甕，皆陳；米三十車，禾四十車，芻薪倍禾，皆陳。乘禽日七十雙。殷膳大牢。三饗、再食、再燕。凡介、行人、宰、史，皆有飧、饔餼，以其爵等爲之禮，唯上介有禽獻。夫人致禮：八壺、八豆、八籩，膳大牢，致饗大牢。卿皆見，以羔，膳特牛。

子男三積，皆眡飧牽。壹問以脩。飧三牢，食二十有四，簠六，豆二十有四，鉶十有八，壺二十有四，鼎簋十有二，牲十有八，皆陳。饔餼五牢，其死牢如飧之陳，牽二牢，米八十筥，醯醢八十甕，皆陳；米二十車，禾三十車，芻薪倍禾，皆陳。乘禽日五十雙。壹饗、壹食、壹燕。凡介、行人、宰、史，皆有飧、饔餼，以其爵等爲之禮，唯上介有禽獻。夫人致禮：六壺、六豆、六籩，膳眡致饗。親見卿，皆膳特牛。

凡諸侯之卿、大夫、士爲國客，則如其介之禮以待之。凡禮賓客，國新殺禮，凶荒殺禮，札喪殺禮，禍災殺禮，在野、在外殺禮。凡賓客死，致禮以喪用。賓客有喪，唯芻稍之受。遭主國之喪，不受饗、食，受牲禮。

【译文】

掌客的职责是掌管接待四方宾客的牢礼、饩献、饮食的规格及特殊情况的处理。天子因为有事集合诸侯而举行规格最高的宴会，则备办十二太牢，庶馐应有尽有，对于一方诸侯之长行十

二献之礼。天子巡守或者殷国，所到之处，当地的国君招待天子进膳是用一头牛犊，命令当地诸侯供给随行百官的牲牢无不具备。对天子随行百官的接待规格是：接待三公，比照上公的礼数；接待卿，比照侯伯的礼数；接待大夫，比照子男的礼数；接待士，比照诸侯之卿的礼数；接待庶子，比照诸侯之大夫的礼数。

凡诸侯自相朝聘，主国接待的礼数是接待上公的礼数是：在从来到去的路上，主国要为聘君安排五次牲牢粮草的补给，每次补给的牲牢都是牵去的活牲口而其数量则比照到达后的接风便宴牢数；沿途派卿慰问三次，每次慰问都是以干肉为礼品。聘君刚到，主君要派卿为聘君安排接风便宴，便宴的规格是：牲肉总共五牢，庶羞四十种，稻粱十簠，菹醢四十豆，羹汤四十二鉶，酒四十壶，熟肉十二鼎，黍稷十二簋，生肉三十六鼎，这些食品都陈放在一定的地方。聘君行过正式聘礼之后，主君要派卿到宾馆向聘君馈赠饔饩，其规格是：牲肉总共九牢，其中，宰杀过的牲牢的数量与便宴上陈设的牢数一样，牵去的活牲口是四牢，送去的米有一百二十筥，送去的醯醢有一百二十瓮，这些食品都陈放在宾馆的门内。送去的载米之车的数目比照馈赠活牲口的牢数，每馈赠活牲口一牢，就配上馈赠的米十车，而每车载米二十四斛；送去的载禾之车的数目比照馈赠宰杀过的牲口牢数，每馈赠宰杀过的牲口一牢，就配上馈赠的禾十车，而每车载禾一千二百把；送去的饲草和烧柴都是禾的两倍，这些载米、载禾、载饲草、载烧柴的车辆都陈列在宾馆的门外。聘君逗留期间，主国每天供应聘君乘禽九十双，隔三差五地还要送去用作膳食的太牢；一直到聘君归国之前，主君要为聘君先后举行三次飨礼、三次食礼、三次燕礼；如果主君因故未能亲自举行飨礼、食礼、燕礼，就要派卿带上礼品将飨礼、食礼、燕礼的席面送到宾馆并代表主君致意。对于聘君的所有随员：介、行人、宰、史，主君都要派人为之安排接风便宴和馈赠饔饩，当然是按照他们的爵位级别安排其牢礼的规格，只有上介才有资格接受禽献。夫人派下大夫向聘君赠送的礼物有：八壶酒、八豆菹醢，八笾果脯，一具太牢用于膳食，一具太牢用作飨礼，一具太牢用作食礼。主国的卿都要到宾馆去拜见聘君，以羊羔作为见面礼，并馈赠一具太牢用于膳食。

接待侯伯的礼数是在从来到去的路上，主国要为聘君安排四次牲牢粮草的补给，每次补给的牲牢都是牵去的活牲口而其数量则比照到达后的接风便宴牢数；沿途派卿慰问两次，每次慰问都是以干肉为礼品。聘君刚到，主君要派卿为聘君安排接风便宴，其规格是：牲肉总共四牢，庶羞三十二种，稻粱八簠，菹醢三十二豆，羹汤二十四鉶，酒三十二壶，熟肉十二鼎，黍稷十二簋，生肉二十七鼎，都陈放在一定的地方。聘君行过正式聘礼之后，主君要派卿到宾馆向聘君馈赠饔饩，其规格是：牲肉总共七牢，其中，宰杀过的牲牢数量与便宴上陈设的牢数一样，牵去的活牲口则是三牢，送去的米有一百筥，送去的醯醢有一百瓮，这些食品都陈放在宾馆的门内。送去的载米车子三十辆，载禾的车子四十辆，载饲草的车子和载烧柴的车子都是载禾车子的二倍，这些车辆都陈列在宾馆的门外。聘君逗留期间，主国每天供应聘君乘禽七十双，隔三差五地还

要送去用作膳食的太牢，在此期间，主君要为聘君先后举行三次飧礼、两次食礼、两次燕礼，如果主君因故未能亲自举行飧礼、食礼、燕礼，就要派卿带上礼品将飧礼、食礼、燕礼的席面送到宾馆并代表主君致意。对于聘君的所有随员：介、行人、宰、史，主君都要派人为之安排接风便宴和馈赠饔饩，当然也是按照他们的爵位级别来确定安排规格，只有上介才有资格接受禽献。夫人派下大夫向聘君赠送的礼物有：八壶酒，八豆菹醢，八笾果脯，一具太牢用于膳食，一具太牢用作飧礼。主国的卿都要到宾馆去拜见聘君，以羊羔作为见面礼，并馈赠一头牛用于聘君的膳食。

接待子男的礼数是：在从来到去的路上，主国要为聘君安排三次牲牢粮草的补给，每次补给的牲牢都是牵去的活牲口而其数量则比照到达后的接风便宴牢数；沿途派卿慰问一次，以干肉作为慰问礼品。聘君刚到，主君要派卿为聘君安排接风便宴，其规格是：牲肉总共三牢，庶羞二十四种，稻粱六簠，菹醢二十四豆，羹汤十六鉶，酒二十四壶，熟肉十二鼎，黍稷十二簋，生肉十八鼎，都陈放在一定的地方。聘君行过正式聘礼之后，主君要派卿到宾馆向聘君馈赠饔饩，其规格是：牲肉总共五牢，其中，宰杀过的牲牢数量与便宴上陈设的牢数一样，牵去的活牲口则是二牢，送去的米是八十筥，送去的醯醢是八十瓮，这些食品都陈放在宾馆的门内。载米的车子二十辆，载禾的车子三十辆，载饲草的车子和载烧柴的车子都是载禾车子的二倍，这些车辆都陈列在宾馆门外。聘君逗留期间，主国每天要供应聘君乘禽五十双，主君要亲自为聘君举行一次飧礼、一次食礼、一次燕礼。对于聘君的所有随员：介、行人、宰、史，主君都要派人为之安排接风便宴和馈赠饔饩，当然也是按照其爵位级别来确定规格，只有上介才有资格接受禽献。夫人派下大夫向聘君赠送的礼物有：六壶酒，六豆菹醢，六笾果脯，比照飧礼的规格送去一次膳食。凡是到宾馆拜见聘君的卿，都馈赠一头牛用于聘君的膳食。

凡诸侯之卿、大夫、士作为专使来聘，则主国对他们的接待礼数如同他们作为诸侯的介随同访问时一样。凡接待宾客的礼数，如果主国是新建的国家，可以降低规格；如主国正赶上荒年，可以降低规格；如果主国正赶上疾疫流行，死亡甚众，可以降低规格；如果主国正赶上兵寇水火之灾，可以降低规格；如果是在郊野、在畿外的路上偶然相遇，可以降低规格。凡是客人在主国访问期间去世，主国馈赠的礼物要改为适合办理丧事的所需之物。如果客人在访问期间忽然得到父母去世的噩耗，就不再接受主国的任何宴会邀请，而只接受赠予的最基本的生活资料：牛马的草料和人吃的粮食。客人在访问期间，如果碰上了主国的丧事，那就不再接受其飧礼、食礼的邀请，但可以接受其按照礼数送来的生肉。

【原文】

掌訝

掌訝掌邦國之等籍，以待賓客。若將有國賓客至，則戒官修委積，與士逆賓於疆，爲前驅而入。及宿，則令聚柝。及委，則致積。至於國，賓入館，次於舍門外，待事於客。及將幣，爲前驅。至於朝，詔其位，入復；及

退亦如之。凡賓客之治，令訝，訝治之。凡從者出，則使人道之。及歸，送亦如之。凡賓客：諸侯有卿訝，卿有大夫訝，大夫有士訝，士皆有訝。凡訝者，賓客至而往，詔相其事，而掌其治令。

【译文】

掌讶的职责是掌管载有各诸侯国国君及其卿大夫名位尊卑之书，用以接待前来朝聘的宾客。如果将有宾客到达，则首先申饬有关官员做好沿途宾客吃住的物资准备，然后与讶士一道前往边境迎接，接到宾客以后，作为前驱引导宾客入境。沿途每逢止宿，就令野庐氏组织民众为宾客击柝巡夜。每到一个牢礼粮草供应站，就以天子的名义按规格供给牢礼粮草。来到国都，宾客在宾馆安顿下来以后，就在宾馆门外搭建帐篷作为临时办公处，以处理宾客提出的种种需求。等到宾客要行朝聘大礼时，掌讶要乘车前导；来到大门外以后，要告诉宾客应站的位置，进门向天子报告宾客已经来到；朝聘礼毕，当宾客返回宾馆时，也要乘车前导。凡宾客提出的国务交涉，都要先告诉掌讶，由掌讶入朝报告天子，请示处理办法。宾客的随员外出，掌讶要派部下引路。等到宾客回国的时候，沿途相送的礼数也像来时那样。宾客要行朝聘大礼的那天，天子派往宾馆迎宾的讶，如果宾客是诸侯，就派卿做讶；如果宾客是卿，就派大夫做讶；如果宾客是大夫，就派士做讶；如果宾客是士，也都有讶。凡是充当讶的人，只要宾客一到，就要立即前往宾馆，为宾客的事提供咨询帮助，并掌管其接待。

【原文】

掌　交

掌交掌以節與幣巡邦國之諸侯及其萬民之所聚者，道王之德、意、志、慮，使咸知王之好惡，辟行之。使和諸侯之好。達萬民之説。掌邦國之通事，而結其交好。以諭九稅之利，九禮之親，九牧之維，九禁之難，九戎之威。

【译文】

掌交的职责是掌管手持旌节携带着礼品巡行诸侯的国都以及其他人口集中的都邑，宣讲天子的天威盛德与志趣所在，使人们都知道天子喜好什么、厌恶什么，从而好天子之所好，恶天子之所恶。诸侯之间有希望亲善友好的，从中牵合促成。将百姓感到高兴的事转达给天子及其国君。掌管诸侯之间的互相朝觐聘问，使他们友好相处。向诸侯晓谕九税制度带来的利益，九仪之礼带来的彼此亲近，九牧制度对诸侯之间正常关系的维护，九禁制度使诸侯有所畏惮，九伐制度体现天子威严。

【原文】

掌　察（闕）

【原文】

掌貨賄（闕）

【原文】

朝大夫

朝大夫掌都家之國治。日朝以聽國事故，以告其君長。國有政令，則令其朝大夫。凡都家之治於國者，必因其朝大夫，然後聽之，唯大事弗因。凡都家之治有不及者，則誅其朝大夫；在軍旅，則誅其有司。

【译文】

朝大夫的职责是掌管都家文书的上达朝廷与朝廷文书的下达都家。每天上朝打听朝廷的重大举措，以报告其君长。朝廷如有专门针对都家的政令，则命令朝大夫将此政令通报其君长。凡都家上报朝廷的文书，一定要通过朝大夫转达，然后才予以受理；只有大事可以不通过朝大夫。凡都家执行朝廷命令有不及时者，则惩罚其朝大夫；如果是在军旅之中，则惩罚其都司马、家司马。

【原文】

都則（闕）

【原文】

都士（闕）

【原文】

家士（闕）

冬官考工記第六

總敘

國有六職，百工與居一焉。或坐而論道；或作而行之；或審曲、面埶，以飭五材，以辨民器；或通四方之珍異以資之；或飭力以長地財；或治絲麻以成之。坐而論道，謂之王公；作而行之，謂之士大夫；審曲，面埶，以飭五材，以辨民器，謂之百工；通四方之珍異以資之，謂之商旅；飭力以長地財，謂之農夫；治絲麻以成之，謂之婦功。

粤無鎛，燕無函，秦無廬，胡無弓、車。粤之無鎛也，非無鎛也，夫人而能爲鎛也；燕之無函也，非無函也，夫人而能爲函也；秦之無廬也，非無廬也，夫人而能爲廬也；胡之無弓、車也，非無弓、車也，夫人而能爲弓、車也。知者創物，巧者述之，守之世，謂之工。百工之事，皆聖人之作

也。爍金以爲刃，凝土以爲器，作車以行陸，作舟以行水：此皆聖人之所作也。

天有時，地有氣，材有美，工有巧，合此四者，然後可以爲良。材美、工巧，然而不良，則不時、不得地氣也。橘踰淮而北爲枳，鸜鵒不踰濟，貉踰汶則死：此地氣然也。鄭之刀，宋之斤，魯之削，吴越之劍，遷乎其地而弗能爲良：地氣然也。燕之角，荆之幹，妢胡之笴，吴、粤之金、錫：此材之美者也。天有時以生，有時以殺；草木有時以生，有時以死；石有時以泐；水有時以凝，有時以澤：此天時也。

凡攻木之工七，攻金之工六，攻皮之工五，設色之工五，刮摩之工五，搏埴之工二。攻木之工：輪、輿、弓、廬、匠、車、梓。攻金之工：築、冶、鳧、桌、段、桃。攻皮之工：函、鮑、韗、韋、裘。設色之工：畫、繢、鐘、筐、㡛。刮摩之工：玉、楖、雕、矢、磬。搏埴之工：陶、旊。

有虞氏上陶，夏后氏上匠，殷人上梓，周人上輿。故一器而工聚焉者，車爲多。車有六等之數：車軫四尺，謂之一等；戈柲六尺有六寸，既建而迆，崇於軫四尺，謂之二等；人長八尺，崇於戈四尺，謂之三等；殳長尋有四尺，崇於人四尺，謂之四等；車戟常，崇於殳四尺，謂之五等；酋

矛常有四尺，崇於戟四尺，謂之六等。車謂之六等之數。

凡察車之道，必自載於地者始也，是故察車自輪始。凡察車之道，欲其樸屬而微至。不樸屬，無以爲完久也；不微至，無以爲戚速也。輪已崇，則人不能登也；輪已庳，則於馬終古登阤也。故兵車之輪六尺有六寸，田車之輪六尺有三寸，乘車之輪六尺有六寸。六尺有六寸之輪，軹崇三尺有三寸也，加軫與轐焉，四尺也。人長八尺，登下以爲節。

【译文】

国家有六等职事，百工是其中之一。这六等职事是：有的人坐在那里议论治国的方针大计；有的人起来贯彻执行这些方针大计；有的人审度原材料的具体情况，对金、木、皮、玉、土等五种原材料进行加工，以制造各种器具；有的人将四方的珍异物品加以流通，从中牟利；有的人勤劳种地，以生产粮食；有的人缫丝绩麻，以生产布帛。那些坐在那里议论治国方针大计的人，谓之天子、诸侯；那些起来贯彻执行方针大计的人，谓之士大夫；那些审度原材料的具体情况对金、木、皮、玉、土五种原材料进行加工以制造各种器具的人，谓之百工；那些将四方的珍异物品加以流通而从中牟利的人，谓之商旅；那些勤劳种地以生产粮食的人，谓之农夫；那些缫丝绩麻以生产布帛的人，谓之妇功。

越国没有设置专门制造锄头的工匠，燕国没有设置专门制造铠甲的工匠，秦国没有设置专

门制造矛戟之柄的工匠，匈奴没有设置专门制造弓箭、车辆的工匠。越国的没有设置专门制造锄头的工匠，并不是因为那里没有人能够制造锄头，而是因为在那里人人都能够制造锄头；燕国的没有设置专门制造铠甲的工匠，并不是因为那里没有人能够制造铠甲，而是因为在那里人人都能够制造铠甲；秦国的没有设置专门制造矛戟之柄的工匠，并不是因为那里没有人能够制造矛戟之柄，而是因为在那里人人都能够制造矛戟之柄；匈奴的没有设置专门制造弓箭车辆的工匠，并不是因为那里没有人能够制造弓箭车辆，而是因为在那里人人都能够制造弓箭车辆。聪明绝顶的人发明创造了器物之后，能工巧匠可以如法炮制，他们父子世代相传，这就叫做工匠。百工制造的种种器物，都是源自圣人的发明创造。熔化金属以为兵器，凝结泥土以为陶器，发明车子用来在陆地上行走，发明舟船用来在水上行驶：这都是圣人的发明创造。

天的四时有寒温，地的水土有刚柔，原材料有好有坏，工匠有巧有拙，这四个方面的因素都符合要求，然后才可以制造出精良的器物。原材料很好，工匠的手艺也很巧，然而制造出来的器物却不精良，那就是不得天时、不得水土的原因。举例来说，橘树过了淮河以北栽种就变成了枳，八哥从来不飞过济水以北，狗獾渡过岷江就会死掉：这都是由于水土不同才造成这种结果。郑国铸造的刀，宋国铸造的斧斤，鲁国铸造的削刀，吴国、越国铸造的剑，都是质地精良的产品，如果换个地方来生产，质量就大大降低：这也是由于水土不同的原因才造成的。燕国的牛角，荆州的柘木，妢胡的箭杆，吴国、越国的金、锡：这都是原材料中的上等货。天有时是阳气盛，有时是阴气盛；草木有时是生长，有时是枯萎；石头有时崩裂；水有时凝固，有时消融：这就是天时。

总计，治理木材的工匠有七类，治理金属的工匠有六类，治理皮革的工匠有五类，从事设色的工匠有五类，从事刮磨的工匠有五类，从事制坯的工匠有二类。治理木材的工匠是：轮人、舆人、弓人、庐人、匠人、车人、梓人。治理金属的工匠是：筑氏、冶氏、凫氏、栗氏、段氏、桃氏。治理皮革的工匠是：函人、鲍人、韗人、韦人、裘氏。从事设色的工匠是：画人、缋人、钟氏、筐人、㡛氏。从事刮磨的工匠是：玉人、楖人、雕人、矢人、磬氏。从事制坯的工匠是：陶人、旊人。

有虞氏崇尚制造陶器的工匠，夏后氏崇尚建造沟渠水利的工匠，殷人崇尚制造乐器、礼器的工匠，周人崇尚制造车服的工匠。因为周人崇尚制造车服的工匠，所以制造一件器物而需要聚集的工匠门类，以造车为多。凡兵车都有六等差数：车轸离地面的高度是四尺，这是第一等；戈身连柄的长度是六尺六寸，斜插在车扃上，则高于车轸四尺，这是第二等；人的身长是八尺，站在车厢里，又高于戈四尺，这是第三等；殳长一丈二尺，直插在车扃上，又高于人四尺，这是第四等；车扃上直插的戟，其长度是一丈六尺，就比殳又高了四尺，这是第五等；直插在车扃上的酋矛，其长度是二丈，就比戟又高了四尺，这是第六等。这就是兵车的六等差数。

观察车子好坏与否的方法，必自车子接触地面的部件开始，所以，观察车子的好坏，要从轮

子开始。而观察轮子的方法，是要看组成轮子的零件是否结合得牢固和轮子与地面的接触面积是否最小。零件结合得不牢固，车子就不可能经久使用；与地面接触的面积不是最小，车子就不可能快速行进。轮子如果离地面太高，则人的上上下下就不方便；轮子如果离地面太低，则马拉的时候就像总是在爬坡，非常吃力。所以兵车车轮的直径是六尺六寸，田车车轮的直径是六尺三寸，乘车车轮的直径是六尺六寸。六尺六寸的车轮，其车轴的高度就是三尺三寸，加上轸与轐的高度，一共是四尺。对于身高八尺的人来说，上上下下就会感到非常方便。

【原文】

輪人

輪人爲輪。斬三材必以其時。三材既具，巧者和之。轂也者，以爲利轉也；輻也者，以爲直指也；牙也者，以爲固抱也。輪敝，三材不失其職，謂之完。望而眂其輪，欲其幎爾而下迤也；進而眂之，欲其微至也；無所取之，取諸圜也。望其輻，欲其掣爾而纖也；進而眂之，欲其肉稱也；無所取之，取諸易直也。望其轂，欲其眼也；進而眂之，欲其幬之廉也；無所取之，取諸急也。眂其綆，欲其蚤之正也。察其菑蚤不齵，則輪雖敝不匡。

凡斬轂之道，必矩其陰陽。陽也者稹理而堅，陰也者疏理而柔。是故以火養其陰，而齊諸其陽，則轂雖敝不藃。轂小而長則柞，大而短則摯。是故六分其輪崇，以其一爲之牙圍。參分其牙圍而漆其二。椁其漆内而中詘之，以爲之轂長，以其長爲之圍。以其圍之防捎其藪。五分其轂之長，去一以爲賢，去三以爲軹。容轂必直，陳篆必正，施膠必厚，施筋必數，幬必負幹。既摩，革色青白，謂之轂之善。

參分其轂長，二在外，一在内，以置其輻。凡輻，量其鑿深以爲輻廣。輻廣而鑿淺，則是以大扤，雖有良工，莫之能固；鑿深而輻小，則是固有餘而强不足也。故竑其輻廣以爲之弱，則雖有重任，轂不折。參分其輻之長而殺其一，則雖有深泥，亦弗之溓也。參分其轂圍，去一以爲骹圍。揉輻必齊，平沈必均。直以指牙，牙得則無槷而固；不得則有槷，必足見也。

六尺有六寸之輪，綆參分寸之二，謂之輪之固。凡爲輪，行澤者欲杼，行山者欲侔。杼以行澤，則是刀以割塗也，是故塗不附；侔以行山，則是摶以行石也，是故輪雖敝，不甐於鑿。凡揉牙，外不廉，而内不挫，旁不腫，謂之用火之善。是故規之以眂其圜也，萬之以眂其匡也，縣之以眂其輻之直也，水之以眂其平沈之均也，量其藪以黍以眂其同也，權之以眂其輕重之侔也。故可規，可萬，可水，可縣，可量，可權也，謂之國工。

輪人爲蓋，達常圍三寸，桯圍倍之，六寸，信其桯圍以爲部廣，部廣六寸。部長二尺。桯長倍之四尺者二。十分寸之一謂之枚。部尊一枚，弓鑿廣四枚，鑿上二枚，鑿下四枚，鑿深二寸有半，下直二枚，鑿端一枚。弓長六尺，謂之庇軹，五尺謂之庇輪，四尺謂之庇軫。參分弓長而揉其一。參分其股圍，去一以爲蚤圍。參分弓長，以其一爲之尊。上欲尊而宇欲卑，上尊而宇卑，則吐水疾而霤遠。蓋已崇則難爲門也，蓋已卑是蔽目也，是故蓋崇十尺。良蓋弗冒弗紘，殷畝而馳，不隊，謂之國工。

【译文】

轮人制造车轮。在砍伐制造毂、辐、牙这三个部件所需要的木材时，一定要按照时令。毂、辐、牙这三个部件造好之后，由能工巧匠将它们装配在一起，就成为一个轮子。对于毂，要求它能够灵活旋转；对于辐，要求它能够笔直地插入毂与牙的凿孔；对于牙，要求它能够牢固地互相合抱。轮子尽管破旧了，而组成轮子的三个部件却仍然保持着各自的功能，这就叫做制造工艺高超。这种制造工艺高超的轮子，从远处看它的牙，赞美它的均匀的弧度；走到跟前去看，又赞美它与地面接触的面积非常之少，原因不是别的，而是由于牙造得很圆。从远处看它的辐条，赞美它根根都是从一头粗变成一头细；走到跟前去看，又赞美它粗的一头说多粗都是多粗、细的一头说多细都是多细，原因不是别的，而是由于辐条造得又平又直。从远处看它的毂，赞美它的均匀整齐；走到跟前去看，又赞美它的輓革之处棱角隐约可见，原因不是别的，而是由于皮革裹得太紧。近看轮牙虽然外偏，却赞美辐条细的一端的榫头都端正地插入轮牙。只要看到辐条两端的榫头都插得整整齐齐，那么，轮子即便破旧了，辐条也不会歪歪扭扭。

凡是砍伐用来造毂的木材，其要诀是，一定要在木材的向阳一面和背阴一面分别刻上记号。因为向阳一面的木材，其纹理密致而且坚固，而背阴一面的木材，其纹理稀疏而且柔软，所以要用火来焙烤背阴的一面，使其硬度和向阳一面的木材相等，这样制造出来的毂，即便是用破了也不会收缩或者鼓疙瘩。毂小而长，辐条之间的距离就狭窄；毂大而短，辐条的榫头就插不牢固。所以将轮子的高度分为六等份，以其中的一份作为牙围的长度。再将牙围的长度分成三份，对其中的二份加以油漆。量得牙围油漆部分的直径而取其一半，用来作为毂长，又以毂长作为毂的围长。以毂的围长的三分之一作为薮的周长来剜空毂心。将毂长分为五等份，去掉其中的二等份，以其中的三等份作为贤的直径；去掉其中的三等份，以其中的二等份作为轵的直径。做成的毂身一定要直，毂上转圈雕刻的花纹一定要正，涂上的胶一定要厚，缠上的筋一定要密，輓上的皮革一定要紧贴毂身，然后抹上泥子，泥子干了之后再用石头打磨，这时，如果輓上的皮革显出青白色，就表示此毂是毂中的上品。

将毂长分为三等份，二等份在外边，一等份在里边，这里外交会的地方就是安装辐条的位置。凡是辐条，毂上所凿卯眼的深度就是辐条的宽度。如果辐条的宽度足够而卯眼的深度不

够，这样装配起来的辐条就会剧烈摇晃，即使有技术高超的工匠，也没人能使其坚固；　如果卯眼的深度足够而辐条比较细小，其结果就是坚固有余而承重的能力太差。　所以要量度辐条的宽度，以为毂上辐菑的深度，这样装配起来的辐条，即便是装载很重，毂也不会折断。　将辐条长度分为三等份而将其靠近轮牙的那一份宽度减小，这样一来，即便是在深泥中行进，辐条上也不会粘上泥土。　将辐条的股围分成三份，去掉一份，以剩下的二份作为骹围。　三十根辐条一定要煣得一样直，放到水里它们的吃水深度也一定是一样的。　辐条骹端的榫头笔直地插入轮牙的卯眼里，轮牙的卯眼也不大不小正好容下榫头，这样一来，就是不用楔子也很牢固；　如果轮牙的卯眼和辐条的榫头对不上号，那么，就是加上楔子也不牢固。

六尺六寸高的轮子，绠宽三分之二寸，这样装配起来的轮子在车行时就不会摇摇晃晃。　凡制造车轮，在泽地中行进的需要将轮牙着地一面削薄，在山地中行进的需要使轮牙的着地一面与插入辐条一面的厚度相等。　削薄的轮牙行进在泽地上，简直就是用刀来切割泥巴，所以泥巴就不会粘到轮牙上；　上下厚度相等的轮牙行进在山地上，简直就是以厚实的轮牙在石头上滚动，所以即使轮牙被石头啃坏了，也不会伤及牙上的卯眼。　凡用火煣牙，能够做到牙的外圈不断裂，牙的里圈不打褶，牙的两侧不鼓疙瘩，这就叫做掌握火候掌握得好。　所以，当轮子造好以后，就用圆规来测量它的牙是否很圆，用曲尺来测量牙的两侧是否平整，悬根绳子来测量上下对称的两根辐条是否在一条直线上，把两个轮子放到水里以测量其吃水的深浅是否一样，用黍米来测量两个轮子的薮的直径是否相同，用秤来测量两个轮子的重量是否相等。　所以，如果造出的轮子，用规来测量，用矩来测量，放到水里来测量，悬根绳子来测量，用黍米来测量，用秤来测量，六种测量结果统统符合要求，有这样技术水平的造轮工匠就叫做国工。

轮人制作车上的伞盖，伞盖的柄分作上下两截，上边的一截叫做达常，其围长是三寸；　下边的一截叫做桯，其围长是达常的二倍，即六寸。　将柄的桯围伸展开来作为柄最上端的部的直径，部的直径就是六寸。　部与达常连在一起的长度是二尺，桯的长度则是它的二倍，但分作两节，一节四尺。　一寸的十分之一叫做枚。　部顶上加高一枚，插弓的卯眼，其长宽都是四枚，卯眼的上面留有二枚长的余地，卯眼的下面留有四枚长的馀地；　卯眼的深度是二寸五分，其下侧平直，到了卯眼的底部，长度就成了二枚，宽度就成了一枚。　伞盖的大小有三种：　如果伞盖的弓长是六尺，覆盖的面积大，就叫做庇轵；　如果伞盖的弓长是五尺，覆盖的面积略小，就叫做庇轮；　如果伞盖的弓长是四尺，覆盖的面积最小，就叫做庇轸。　将弓长分为三等份，而将其中近部的一份煣直。　将弓的股围分成三等份，以其中的二份作为蚤围。　将弓长分为三等份，以其中的一份作为弓的末端与部的垂直高度。　伞盖的中央部分要高而其四周的边沿部分要低。　中央部分高而边沿部分低，雨水落在上面就流得快而泻得远。　伞盖太高的话，过门就不方便；　伞盖太低的话，就会遮挡乘车人的视线。　所以伞盖的高度以十尺为准。　好的伞盖，不用在弓的上面蒙布，不用将二十八根弓都用绳子连接起来，任凭车子横驰于田野，弓也不会脱落，技术达到这

个水平的工匠就叫做国工。

【原文】

輿人

輿人爲車，輪崇、車廣、衡長，參如一，謂之參稱。參分車廣，去一以爲隧。參分其隧，一在前，二在後，以揉其式。以其廣之半爲之式崇。以其隧之半爲之較崇。六分其廣，以一爲之軫圍。參分軫圍，去一以爲式圍。參分式圍，去一以爲較圍。參分較圍，去一以爲軹圍。參分軹圍，去一以爲轛圍。

圜者中規，方者中矩，立者中縣，衡者中水，直者如生焉，繼者如附焉。凡居材，大與小無并；大倚小則摧，引之則絶。棧車欲弇，飾車欲侈。

【译文】

輿人制造车厢，轮子的高度、车厢的宽度、衡的长度，三者的尺寸一样，谓之三称。将车厢的宽度分为三等份，去掉一份，以其中的二份作为车厢的纵深长度。将车厢的纵深长度分为三等份，一份在车厢的前边，二份在车厢的后边，并将前边的一份煣作车轼。以车厢宽度的一半作为轼的高度，以车厢纵深长度的一半作为较的高度。将车厢的宽度分为六等份，以其中的一等份作为轸围。将轸围分为三等份，以其中的二等份作为轼围。将轼围分为三等份，以其中的二等份作为较围。将较围分为三等份，以其中的二等份作为轵围。将轵围分为三等份，以其中的二等份作为轛围。

车厢上的部件，该圆的都很圆，该方的都很方，该直立的都垂直如线，该横放的都平直如水，直着的就如长在地上的树木那样不可动摇，纵横交叉的就如树干生出的枝条。凡是处理制造车厢的材料，大的材料与小的材料不能掺杂使用，大的材料如果用小的材料支撑，小的材料吃不动，就会折断；小的材料如果用大的材料支撑，则不敢在小的材料上用劲，拉引时就会与大的材料脱开。栈车车厢的两较要向内收敛，饰车车厢的两较要向外伸张。

【原文】

輈人

輈人爲輈。輈有三度，軸有三理。國馬之輈，深四尺有七寸；田馬之輈深四尺；駑馬之輈，深三尺有三寸。軸有三理：一者以爲嫩也，二者以爲久也，三者以爲利也。軓前十尺，而策半之。

凡任木，任正者，十分其輈之長，以其一爲之圍；衡任者，五分其長，以其一爲之圍。小於度，謂之無任。五分其軫間，以其一爲之軸圍。十分其輈之長，以其一爲之當兔之圍。參分其兔圍，去一以爲頸圍。五分其頸圍，去一以爲踵圍。

凡揉輈，欲其孫而無弧深。今夫大車之轅摯，其登又難；既克其登，其覆車也必易。此無故，唯轅直且無橈也。是故大車平地，既節軒摯之任，及其登阤，不伏其轅，必縊其牛。此無故，唯轅直且無橈也。故登阤者，倍任者也，猶能以登；及其下阤也，不援其邸，必緧其牛後。此無故，唯轅直且無橈也。是故輈欲頎典。輈深則折，淺則負。輈注則利準，利準則久，和則安。輈欲弧而無折，經而無絕。進則與馬謀，退則與人謀，終日馳騁，左不楗；行數千里，馬不契需；終歲御，衣衽不敝。此唯輈之和也。勸登馬力，馬力既竭，輈猶能一取焉。

良輈環灂，自伏兔不至軏七寸，軏中有灂，謂之國輈。軫之方也，以象地也。蓋之圜也，以象天也。輪輻三十，以象日月也。蓋弓二十有八，以象星也。龍旂九斿，以象大火也。鳥旟七斿，以象鶉火也。熊旗六斿，以象伐也。龜蛇四斿，以象營室也。弧旌枉矢，以象弧也。

【译文】

辀人造辀。辀有三种深度不同的尺寸，轴有三个治理的标准。国马驾车所用的辀，其深度是四尺七寸；田马驾车所用的辀，其深度是四尺；驽马驾车所用的辀，其深度是三尺三寸。轴有三个治理的标准：一是要光滑美观，二是要经久耐用，三是要插入毂中粗细适度，旋转灵活。辀在轨前的长度十尺，而车夫的马鞭长度是它的一半。

凡是车上承受重量的木材，都要合乎尺寸的要求：位于车厢下面正前方与两旁的軓，以辀长的十分之一作为它的围长；两轭之间承重的衡，是以衡本身的长度的五分之一作为它的围长。軓与衡的围长如果小于这个尺寸，那就叫做无法胜任它所承担的重量。将左右轸之间的距离分为五等份，以其中的一份作为轴围的长度。将辀长分为十等份，以其中的一份作为当兔的围长。将伏兔的围长分为三等份，以其中的二等份作为辀颈的围长。将辀颈的围长分为五等份，以其中的四等份作为辀踵的围长。

凡是用火煣辀，要顺着木材的纹理而不要使弯曲的程度太深。再看今天的大车，因为用的是直辕，所以前头较低，上坡就很困难；即便是能够上坡，也很容易翻车。这不是由于别的什么原因，纯粹是由于辕是直的而不向上弯曲。所以大车在平地上行走时，还能够通过调节其装载以避免前轻后重或前重后轻，可是等到大车爬坡时，如果没有人帮忙把辕往下压，由于车的后部太重，势必把驾辕的牛给吊起来。这不是由于别的什么原因，纯粹是由于辕是直的而不向上弯曲。所以牛在拉车爬坡时，用的是加倍的力气，但总算还能上得去；等到下坡的时候，如果没有人拉着车的尾部以降低车速，緧就会兜着牛的屁股迫使它留不住步，以至把牛压趴在地。这不是由于别的什么原因，纯粹是由于辕是直的而不向上弯曲。所以马车要用辀，而辀的木质要坚韧。辀如果弯曲得太深就会经不起用力，容易折断；辀如果弯曲得程度不够，就会摩压马

背。辀在軓前的弯曲部分如果弯曲适中就利于马的拉车，辀在的车厢下面的平直部分如果平直如水就能使用长久，辀的弯曲部分与平直部分搭配得好，人乘之就感到安稳。辀要煣得有一定的弯度而又不能煣得弯度太大，太大就会折断；辀要顺着木材的纹理去煣，不要破坏其纹理。如果车辀的弯曲部分与平直部分搭配得好，车子的进退就会不但尽如马意，而且也尽如人意；即便终日驰骋，站在车左的尊者也不会感到疲倦；即便走了几千里的路，马也不会因伤蹄而害怕走路；即便一年到头地赶车，车夫的衣裳也不会磨破。这都是辀的弯曲部分与平直部分搭配得好的缘故啊。辀的弯曲部分与平直部分搭配得好，无形中等于是帮助马用力，所以马在收住脚步以后，趁着辀的这种力量，车子还能继续向前行进几步。

良辀上的环形纹理，在軓内七寸的辀上能够始终完好无损，达到这样高质量的辀堪称国辀。

车厢之所以做成方形，是用来象征地。车盖之所以做成圆形，是用来象征天。辐条之所以有三十根，是用来象征太阳和月亮三十天就交会一次。车盖上的弓之所以有二十八根，是用来象征天上的二十八宿。龙旂上缀有九根飘带，是用来象征大火星。鸟旟上缀有七根飘带，是用来象征鹑火星；熊旗上缀有六根飘带，是用来象征伐星。龟旐上缀有四根飘带，是用来象征营室星；用弓来撑开各种旗子的正幅，在弓袋上画上枉矢，是用来象征弧星。

築氏

【原文】

攻金之工，築氏執下齊，冶氏執上齊，鳧氏爲聲，㮚氏爲量，段氏爲鎛器，桃氏爲刃。金有六齊：六分其金而錫居一，謂之鐘鼎之齊；五分其金而錫居一，謂之斧斤之齊；四分其金而錫居一，謂之戈戟之齊；參分其金而錫居一，謂之大刃之齊；五分其金而錫居二，謂之削殺矢之齊；金錫半，謂之鑒燧之齊。

築氏爲削，長尺，博寸，合六而成規。欲新而無窮，敝盡而無惡。

【译文】

用合金制造器物的工匠，筑氏用锡多铜少的合金作原料，冶氏用铜多锡少的合金作原料，凫氏用合金制造声乐乐器，㮚氏用合金制造量器，段氏用合金制造䥥器，桃氏用合金制造刀剑。合金有六种配制的比例：含铜六分之五、含锡六分之一的合金，是制造钟鼎的配制比例；含铜五分之四、含锡五分之一的合金，是制造斧斤的配制比例；含铜四分之三、含锡四分之一的合金，是制造戈戟的配制比例；含铜三分之二、含锡三分之一的合金，是制造刀剑的配制比例；含铜五分之三、含锡五分之二的合金，是制造削和杀矢的配制比例；铜锡各占一半，是制造鉴燧的配制比例。

筑氏制造当笔用的削，削的长度是一尺，宽度是一寸，弯度是六十度。要永远锋利，就像刚刚磨过一样，即便刀刃和刀背都用没了，也挑不出什么毛病。

【原文】

冶　氏

冶氏爲殺矢，刃長寸，圍寸，鋌十之，重三垸。戈廣二寸，内倍之，胡三之，援四之。已倨則不入，已句則不決，長内則折前，短内則不疾。是故倨句外博。重三鋝。戟廣寸有半寸，内三之，胡四之，援五之，倨句中矩，與刺重三鋝。

【译文】

冶氏制造杀矢，杀矢的箭头长一寸，箭头最宽处的周长一寸，箭头后部插入箭杆的铤长十寸，箭头的重量是三锾。戈的柄、胡、援的宽度都是二寸，柄的长度是其宽度的二倍（即四寸），胡的长度是其宽度的三倍（即六寸），援的长度是其宽度的四倍（即八寸）。援如果向上斜得太厉害，用来啄人就啄不进去；如果向下斜得太厉害，虽然啄得进去，但不能致敌死命。柄如果过于长，就会使援折断；柄如果过于短，就会使援啄人虽入而缓慢。所以，援与胡之间的弯度以略大于九十度为宜。戈的重量是三锊。戟的柄、胡、援、刺的宽度都是一寸半，柄的长度是其宽度的三倍（即四寸半），胡的长度是其宽度的四倍（即六寸），援的长度是其宽度的五倍（即七寸半）。援与胡之间的弯度恰为九十度。加上刺的重量，戟的重量是三锊。

【原文】

桃　氏

桃氏爲劍。臘廣二寸有半寸，兩從半之。以其臘廣爲之莖圍，長倍之。中其莖，設其後。參分其臘廣，去一以爲首廣而圍之。身長五其莖長，重九鋝，謂之上制，上士服之；身長四其莖長，重七鋝，謂之中制，中士服之；身長三其莖長，重五鋝，謂之下制，下士服之。

【译文】

桃氏制造剑。剑的两刃之间的宽度是二寸半，两从的宽度是两刃之间宽度的一半。以两刃之间的宽度作为剑柄的周长，而剑柄的长度则是两刃之间宽度的二倍。从剑柄的正中间往后，使其逐渐变粗。将两刃之间的宽度分为三等份，以其中的二等份作为剑首的直径，剑首为圆形。剑身的长度是剑柄长度的五倍，其重九锊，这样的剑叫做大号，由身材高大的勇士佩带；剑身的长度是剑柄长度的四倍，其重七锊，这样的剑叫做中号，由身材中等的勇士佩带；剑身的长度是剑柄长度的三倍，其重五锊，这样的剑叫做小号，由身材较低的勇士佩带。

【原文】

鳧　氏

鳧氏爲鐘。兩欒謂之銑，銑間謂之于，于上謂之鼓，鼓上謂之鉦，鉦上

謂之舞，舞上謂之甬，甬上謂之衡。鐘縣謂之旋，旋蟲謂之幹。鐘帶謂之篆，篆間謂之枚，枚謂之景。于上之攠謂之隧。

十分其銑，去二以爲鉦，以其鉦爲之銑間，去二分以爲之鼓間。以其鼓間爲之舞修，去二分以爲舞廣。以其鉦之長爲之甬長，以其甬長爲之圍。參分其圍，去一以爲衡圍。參分其甬長，二在上，一在下，以設其旋。

薄厚之所震動，清濁之所由出，侈弇之所由興，有説。鐘已厚則石，已薄則播，侈則柞，弇則鬱，長甬則震。是故大鐘十分其鼓間，以其一爲之厚。小鐘十分其鉦間，以其一爲之厚。鐘大而短，則其聲疾而短聞。鐘小而長，則其聲舒而遠聞。爲遂，六分其厚，以其一爲之深而圜之。

【译文】

凫氏铸钟。钟口的两角叫做铣，两铣之间的钟口边沿叫做于，于上边的一截钟体叫做鼓，鼓上边的一截钟体叫做钲，钲上边的钟顶叫做舞。舞的上边是钟柄，叫做甬；甬的顶端叫做衡。悬挂钟的铜环叫做旋，铸成野兽头部形状的衔着铜环的钮鼻儿叫做干。钲上隆起的纵横线条叫做篆，篆与篆之间的乳头状隆起物叫做枚，枚也叫做景。于上因撞击而磨损成凹坑的地方叫做遂。

假设钟体的长度是十分，去掉二分以后，以其余的八分作为钲的长度；再以钲的长度作为两铣之间的长度（实际上就是钟口的大直径）；再将两铣之间的长度去掉二分，以其余的六分作为两鼓之间的长度（实际上就是钟口的小直径）；再以两鼓之间的长度作为舞的长度（实际上就是钟顶的大直径），去掉二分，还剩四分，用来作为舞的宽度（实际上就是钟顶的小直径）。以钟体上钲的长度作为甬的长度。又以甬的长度作为甬的围长。将甬的围长分为三份，以其三分之二作为衡围。将甬的长度分为三份，以其中的二份作为甬的上半截，其中的一份作为甬的下半截，旋的位置就设在上下半截的衔接处。

钟壁的厚薄会给震动带来什么影响，发出的声音为什么有清有浊，钟口的大小会引起什么样的后果，这都是有说道的。如果钟壁太厚，就会像敲击石头一样不出声音；如果钟壁太薄，发出的声音就会震颤飘忽；如果钟口偏大，发出的声音就狭窄细长；如果钟口偏小，发出的声音就抑郁不扬；如果钟柄过长，发出的声音就摇摆不定。所以，对于大号的钟，以其两鼓之间长度的十分之一作为钟壁的厚度；对于小号的钟，以其两钲之间长度的十分之一作为钟壁的厚度。钟体宽大而短小，就会导致发出的声音急速但却戛然而止；钟体细小而狭长，就会导致发出的声音舒缓但却传播遥远。在造遂的时候，以钟壁厚度的六分之一作为它凹下去的圆坑的深度。

【原文】

㮚氏

㮚氏爲量。改煎金錫則不耗，不耗然後權之，權之然後準之，準之然

後量之。量之以爲鬴，深尺，内方尺而圜其外，其實一鬴。其臀一寸，其實一豆。其耳三寸，其實一升。重一鈞。其聲中黃鐘之宫。槩而不税。其銘曰：「時文思索，允臻其極。嘉量既成，以觀四國。永啓厥後，玆器維則。」

凡鑄金之狀：金與錫黑濁之氣竭，黃白次之；黃白之氣竭，青白次之；青白之氣竭，青氣次之。然後可鑄也。

【译文】

栗氏铸造量器。铸造之前，要将铜锡矿石反复地冶炼，直到炼出纯粹的铜锡为止。炼出纯粹的铜锡之后，用秤称出铸造量器所需铜锡的重量；得出重量之后，用水来测出所需铜锡的体积与轻重之比例；得出体积与轻重的比例之后，将适量的铜锡熔汁注入铸造量器的模具中。注入模具中以铸造鬴，鬴深一尺，容积为一尺见方，而外呈圆形，其容量即为一鬴。鬴的底座深一寸，其容量为一豆。鬴的两耳，各深三寸，其容量为一升。鬴的重量是一钧。敲击鬴所发出的声音，与黄钟律的宫声相应。鬴中盛满粮食以后，用概来刮平它，竟然刮不掉一粒粮食。

铸鬴的模具上刻写着如下的铭文：「这位文德之君思索着铸造量器，用来达到高度的精确。现在此标准量器已经铸成，特颁示四方各国。永远地开导你们的后代，这个量器就是样板。」

凡是在冶炼金属的时候，要注意观察火候：冶炼铜与锡时，由于杂质的原因，一开始会产生黑色浓烟，黑色浓烟消失后接着会产生黄白色烟雾，黄白色烟雾消失后接着会产生青白色的烟雾，青白色烟雾消失后接着会产生青色烟雾，青色烟雾消失后，表示杂质已经没有了，这时就可以浇铸了。

【原文】

段氏（闕）

【原文】

函　人

函人爲甲。犀甲七屬，兕甲六屬，合甲五屬。犀甲壽百年，兕甲壽二百年，合甲壽三百年。凡爲甲，必先爲容，然後制革。權其上旅與其下旅，而重若一。以其長爲之圍。凡甲，鍛不摯則不堅，已敝則橈。凡察革之道：眡其鑽空，欲其惌也；眡其裏，欲其易也；眡其朕，欲其直也；櫜之，欲其約也；舉而眡之，欲其豐也；衣之，欲其無齘也。眡其鑽空而惌，則革堅也；眡其裏而易，則材更也；眡其朕而直，則制善也；櫜之而約，則周也；舉之而豐，則明也；衣之無齘，則變也。

【译文】

函人制甲。犀甲的上衣、下裳都是由七块革片连缀而成，兕甲的上衣、下裳都是由六块革片

连缀而成，合甲的上衣、下裳都是由五块革片连缀而成。犀甲可以使用一百年，兕甲可以使用二百年，合甲可以使用三百年。凡制甲，一定要首先根据将士的身材设计出几种大小长短不同的型号，然后裁制革片。要称一称上衣的革片与下裳的革片，二者的重量要务必相等。以甲的长度作为甲的腰围。凡甲，如果革片锻椎得不够精致就不坚固，如果革片锻椎过份损伤革理就会弯曲不平。观察甲的质量好坏的要领是：看看连缀革片的针眼怎样，针眼越小越好；看看革片的里面怎样，里面越光滑越好；看看甲缝怎样，甲缝越直越好；看看卷到包里怎样，占的地方越小越好；再把它举起来看看，展开得越丰满越好；再穿上试试，革片不互相摩擦者为好。看到针眼很小，就说明革片坚固；看到革里很光滑，就说明革的质地优良；看到甲缝笔直，就说明做工精良；卷起来占的地方很小，就说明革片连缀紧密；举起来显得丰满，就说明甲表熠熠生辉；穿起来革片不互相摩擦，就说明它能够适应人体的各种姿势的变换。

鮑人

【原文】

鮑人之事，望而眡之，欲其荼白也；進而握之，欲其柔而滑也；卷而摶之，欲其無迆也；眡其著，欲其淺也；察其線，欲其藏也。革欲其荼白而疾澣之，則堅；欲其柔滑而腥脂之，則需；引而信之，欲其直也；信之而直，則取材正也；信之而枉，則是一方緩、一方急也。若苟一方緩，一方急，則及其用之也，必自其急者先裂。若苟自急者先裂，則是以博爲帴也。卷而摶之而不迆，則厚薄序也；眡其著而淺，則革信也；察其線而藏，則雖敝不甐。

【译文】

鮑人所鞣制的皮革，从远处望去，要求它像是茅草开的白花那样的白；走到跟前去抚摸，要求它使人感到柔软而又光滑；把皮革伸展开来，要求皮面平直；把皮革卷紧，要求皮面不得歪斜；看看两张皮革的压边缝合之处，要求它尽量地窄一些；观察缝合皮革的针脚，要求它尽量藏而不露。对于皮革，要求它像是茅草开的白花那样白，而快速洗涤它，就会坚固；要求它柔软光滑，而厚厚地涂上一层油脂，就会柔软；伸展开的皮革是平直的，就说明在裁剪时注意到了皮革腠理的齐整；伸展开以后是弯曲的，就说明皮革是一边紧一边松。如果皮革是一边紧一边松，等到使用的时候，一定会从紧的一边首先断裂。如果是从紧的一边首先断裂，这简直是把一块宽大的皮革当做狭窄的皮条来用了。把皮革卷紧而皮面不歪斜，就说明皮子的厚薄均匀；看到皮革的压边缝合之处很窄，就说明皮革不会伸缩变形；观察到缝合皮革的针脚藏而不露，就说明皮子破了线也不会断。

【原文】

韗人

韗人爲皐陶，長六尺有六寸，左右端廣六寸，中尺，厚三寸，穹者三之一，上三正。鼓長八尺，鼓四尺，中圍加三之一，謂之鼖鼓。爲皋鼓，長尋有四尺，鼓四尺，倨句磬折。凡冒鼓，必以啟蟄之日。良鼓瑕如積環。鼓大而短，則其聲疾而短聞；鼓小而長，則其聲舒而遠聞。

【译文】

韗人制造鼓框，鼓框的长度是六尺六寸，一个鼓框由二十块木板拼成，每块木板的左右两头的宽度是六寸，中间的宽度是一尺，厚三寸，鼓框中央鼓肚部分的隆起高度是鼓面直径的三分之一。构成鼓框的每块木板为三折，每折之上，板面平直。鼓框的长度是八尺，鼓面的直径是四尺，鼓框中央鼓肚部分的周长比鼓面的周长增加三分之一，这样的鼓叫做鼖鼓。制作皋鼓，其鼓框的长度是一丈二尺，鼓面的直径是四尺，构成鼓框的每块木板为两折，其中央鼓肚部分弯曲，呈钝角之形。凡是用皮革蒙鼓，一定要选择惊蛰那一天。好鼓的鼓皮漆过之后，其纹理如同布满了环形图案。如果鼓面宽大而鼓框短小，就会导致发出的声音急速但却戛然而止；如果鼓面短小而鼓框狭长，就会导致发出的声音舒缓但却传播遥远。

【原文】

韋氏（闕）

【原文】

裘氏（闕）

畫繢

畫繢之事雜五色。東方謂之青，南方謂之赤，西方謂之白，北方謂之黑，天謂之玄，地謂之黄。青與白相次也，赤與黑相次也，玄與黄相次也。青與赤謂之文，赤與白謂之章，白與黑謂之黼，黑與青謂之黻，五采備謂之繡。土以黄，其象方；天時變，火以圜，山以章，水以龍；鳥、獸、蛇。雜四時五色之位以章之，謂之巧。凡畫繢之事，後素功。

【译文】

画缋的工作，就是调配五种颜色以形成种种图案。东方的颜色谓之青，南方的颜色谓之赤，西方的颜色谓之白，北方的颜色谓之黑，天的颜色谓之玄，地的颜色谓之黄。着色的顺序是，先青色而后白色，先赤色而后黑色，先玄色而后黄色。刺绣所用的色彩：青色与赤色搭配谓之文，赤色与白色搭配谓之章，白色与黑色搭配谓之黼，黑色与青色搭配谓之黻，五种颜色齐备谓之绣。如果画土，就用黄色，象征地方；如果画天，所用的颜色要随季节变化而变化；如果画火，就用圆形来表示；如果画山，就用赤色与白色搭配；如果画水，就用画龙来表示；画鸟，

画兽，画蛇。无论是绘画或者刺绣，能够把五种颜色调配得当，使图案鲜明，就叫做巧。凡是绘画之事，都是最后再着白色。

【原文】

鍾氏

鍾氏染羽。以朱湛丹秫三月，而熾之，淳而漬之。三入爲纁，五入爲緅，七入爲緇。

【译文】

钟氏负责为羽毛染色。事先将朱砂和丹秫用水浸泡起来，三个月以后再放到笼上去蒸，蒸过一遍以后，将蒸汤水浇灌到被蒸的朱砂和丹秫上，然后再蒸，这样得出的浓汁就可以用来染羽毛了。在这样的浓汁中浸染三次就会得到纁色，浸染五次就会得到緅色，浸染七次就会得到缁色。

【原文】

筐人（闕）

【原文】

㡛氏

㡛氏湅絲，以涚水漚其絲，七日，去地尺暴之。晝暴諸日，夜宿諸井，七日七夜，是謂水湅。湅帛，以欄爲灰，渥淳其帛，實諸澤器，淫之以蜃。清其灰而盝之，而揮之；而沃之，而盝之；而塗之，而宿之；明日。沃而盝之。晝暴諸日，夜宿諸井，七日七夜，是謂水湅。

【译文】

㡛氏湅丝时，先把丝浸泡在过滤后的灰水中，沤上七天，然后离地面一尺悬挂起来，在阳光下暴晒。白天在阳光下暴晒，夜里吊在井里让井水浸泡，一连七天七夜都是这样。这叫做灰湅。湅帛时，用楝树的灰加水搅拌成汁，厚厚地浇灌在帛上，盛放在光滑的容器中，薄薄地涂上一层蜃灰。然后将帛放在清水中将帛上的灰洗掉，再将帛上的水分沥掉晾干，然后抖落帛上的蜃灰；然后再用灰汁浇灌，浇灌以后再沥掉水分晾干；然后再涂上一层蜃灰，并放在光滑的容器中过夜。第二天早晨，再用灰汁浇灌，到了夜晚，再沥去水分晾干。这样的连着七天七夜，这叫做帛的灰湅。白天在阳光下暴晒，夜里吊在井里让井水浸泡，一连七天七夜都是这样，这叫做帛的水湅。

【原文】

玉人

玉人之事：鎮圭尺有二寸，天子守之；命圭九寸，謂之桓圭，公守之；命圭七寸，謂之信圭，侯守之；命圭七寸，謂之躬圭，伯守之。天子

執冒，四寸，以朝諸侯。天子用全，上公用龍，侯用瓚，伯用將。繼子男，執皮帛。

天子圭中必。四圭尺有二寸，以祀天。大圭長三尺，杼上，終葵首，天子服之。土圭尺有五寸，以致日，以土地。祼圭尺有二寸，有瓚，以祀廟。琬圭九寸而繅，以象德。琰圭九寸，判規，以除慝，以易行。璧羡度尺，好三寸，以爲度。圭璧五寸，以祀日月星辰。

璧琮九寸，諸侯以享天子。穀圭七寸，天子以聘女。大璋、中璋九寸，邊璋七寸，射四寸，厚寸，黄金勺，青金外，朱中，鼻寸，衡四寸，有繅。天子以巡守，宗祝以前馬。大璋亦如之，諸侯以聘女。瑑圭、璋八寸，璧琮八寸，以覜聘。牙璋、中璋七寸，射二寸，厚寸，以起軍旅，以治兵守。駔琮五寸，宗后以爲權。大琮十有二寸，射四寸，厚寸，是謂内鎮，宗后守之。駔琮七寸，鼻寸有半寸，天子以爲權。兩圭五寸有邸，以祀地，以旅四望。瑑琮八寸，諸侯以享夫人。案十有二寸，棗、㮚十有二列，諸侯純九，大夫純五，夫人以勞諸侯。璋邸射，素功，以祀山川，以致稍餼。

【译文】

玉人的工作是雕琢玉器：一尺二寸长的镇圭，平时由天子珍藏；九寸长的命圭，谓之桓圭，平时由公爵级别的诸侯珍藏；七寸长的命圭，谓之信圭，平时由侯爵级别的诸侯珍藏；七寸长的命圭，谓之躬圭，平时由伯爵级别的诸侯珍藏。天子所执的瑁四寸见方，用来接受诸侯的朝见。玉饰的用玉规格是：天子使用纯粹的玉；上公使用的玉，石的成分占百分之二十；侯爵使用的玉，石的成分占百分之四十；伯爵使用的玉，石的成分占一半。上公的孤朝见天子的顺序排在子爵男爵诸侯的后面，手执皮帛作为见面礼。

天子所执的圭，圭的中部要系上丝带。一尺二寸长的四圭有邸，用来祭天。三尺长的大圭，其上半截的宽度略有削减，而最上端呈方椎形，天子将它插在腰带上。一尺五寸长的土圭，用来测量日影，用来度量土地。一尺二寸长的祼圭，其前端有勺，用来祭祀宗庙。九寸长的琬圭加上其衬垫，用来象征诸侯的有德。九寸长的琰圭，其上半截呈锐角形，其下半截刻有凸起的纹饰，用来除去有邪恶的诸侯，用来责令有恶行的诸侯改弦易辙。长度延长为一尺、宽度缩减为八寸的璧，其中央圆孔的直径为三寸，用来作为计算长度的标准。五寸长的圭璧，用来祭祀日月星辰。

直径九寸的璧与直径九寸的琮，诸侯朝觐时用来献给天子和王后。七寸长的谷圭，天子用来作为提亲的聘礼。大璋的长度也和谷圭一样，诸侯用来作为提亲的聘礼。九寸长的大璋、中璋，七寸长的边璋，其上端锐出部分都是长四寸，整体厚度都是一寸，璋的末端安勺，勺内镀以黄铜，勺外镀以铅，勺内漆以朱漆，勺前端有流嘴，勺的直径为四寸，有衬垫，天子巡守时用来祭祀

路过的山川，大祝在杀马以前用来行祼礼。刻有隆起花纹的圭，其长八寸；刻有隆起花纹的璋，其长八寸；刻有隆起花纹的璧，其直径八寸；刻有隆起花纹的琮，其直径八寸。以上四玉，上公之臣用来覜聘天子。七寸长的牙璋、中璋，其上端锐出部分都是长二寸，整体厚度都是一寸，用来调动部队，用来调兵防守。系有丝带的琮，其直径为五寸者，王后用作秤锤。大琮，其直径为一尺二寸，锐出部分为四寸，厚一寸，这样的大琮叫做内镇，平时由王后珍藏。系有丝带的琮，其直径为七寸，钮鼻长一寸半者，天子用作秤锤。五寸长的两圭有邸，用来祭地，用来旅祭四方的名山大川。刻有隆起花纹的琮，其直径为八寸，诸侯用来献给所朝聘国君的夫人。玉饰的案，高一尺二寸；陈放枣子的玉案有十二列，陈放栗子的玉案有十二列，这是王后郊劳来朝二王后裔的礼数；陈放枣子的玉案有九列，陈放栗子的玉案有九列，这是王后郊劳来朝诸侯的礼数；陈放枣子的玉案有五列，陈放栗子的玉案有五列，这是王后郊劳来朝诸侯大夫的礼数。璋邸射这种玉，上面没有任何纹饰，用来祭祀山川，用来作为到宾客下榻的宾馆馈赠生熟食品的信物。

【原文】

楖人（闕）

【原文】

雕人（闕）

【原文】

磬氏

磬氏爲磬。倨句一矩有半。其博爲一，股爲二，鼓爲三。參分其股博，去一以爲鼓博；參分其鼓博，以其一爲之厚。已上則摩其旁，已下則摩其耑。

【译文】

磬氏制做磬。磬的股与鼓之间的夹角是一百三十五度。假设股的宽度是一，那么，股的长度就是二，鼓的长度就是三。将股的宽度分作三等份，去掉其中的一等份，以剩下的二等份作为鼓的宽度；再将鼓的宽度分作三等份，以其中的一等份作为磬的厚度。磬制成以后，如果发出的声音太清，就将磬的两旁磨薄，以期纠正；如果发出的声音太浊，就将磬的两端磨短，以期纠正。

【原文】

矢人

矢人爲矢。鍭矢參分，茀矢參分，一在前，二在後。兵矢、田矢五分，二在前，三在後。殺矢七分，三在前，四在後。參分其長而殺其一。五分其長而羽其一，以其笴厚爲之羽深。水之以辨其陰陽，夾其陰陽以設其

比，夾其比以設其羽。參分其羽以設其刃，則雖有疾風，亦弗之能憚矣。刃長寸，圍寸，鋌十之，重三垸。前弱則俛，後弱則翔；中弱則紆，中强則揚；羽豐則遲，羽殺則趮。是故夾而摇之，以眡其豐殺之節也；撓之以眡其鴻殺之稱也。凡相笴，欲生而摶；同摶，欲重；同重，節欲疏；同疏欲㮚。

【译文】

矢人造箭。将鍭矢的箭杆分作三等份，将杀矢的箭杆分作三等份，使其箭杆前面的一等份与箭杆后面的二等份轻重相等。将兵矢、田矢的箭杆分作五等份，使其箭杆前面的二等份与箭杆后面的三等份轻重相等。将茀矢的箭杆分作七等份，使其箭杆前面的三等份与后面的四等份轻重相等。将箭杆的长度分作三等份，使箭杆前面的一等份逐渐变细。将箭杆的长度分作五等份，在箭杆最后面的一等份安上羽毛。箭杆的厚度，也就是羽毛插进箭杆的深度。将箭杆放入水里，以辨别出箭杆的阴面和阳面；然后在箭杆末端的阴阳两面的垂直平分线上刻出一道扣弦的槽，然后在此槽的两旁设置羽毛。将安上羽毛的那段箭杆分作三等份，以其中的一等份作为箭头的长度。这样造成的箭，即使有大风的干扰，射出去以后也不会摇摇摆摆。箭头长一寸，箭头最宽处的周长一寸，箭头后部插入箭杆的铤长十寸，箭头的重量是三锾。如果箭杆的前端较弱，箭在飞行时就会下俯；如果箭杆的后端较弱，箭在飞行时就会上仰；如果箭杆的中部较弱，箭在飞行时就会线路不直；如果箭杆的中部较强，箭在飞行时就会飘忽不定；箭杆上的羽毛如果太多，箭的飞行速度就会减慢；箭杆上的羽毛如果不足，箭在飞行时就会由于速度太快而摇摆不定。所以，在箭造成以后，要用手指夹住箭上下左右地挥舞，以检查箭杆上羽毛的多少是否合乎要求；还要将箭杆的前后中部都弯弯试试，以检查箭杆各个部分的强弱是否匀称。凡是选择做箭杆的材料，首先要选择生来就是圆形的；同样是生来就是圆形的，就要选择其中较重的；重量相同，就要选择其中节目稀疏的；节目稀疏的程度一样，就要选择其中的颜色像是栗色的。

【原文】

陶人

陶人爲甗，實二鬴，厚半寸，脣寸。盆，實二鬴，厚半寸，脣寸。甑，實二鬴，厚半寸，脣寸，七穿。鬲，實五㲄，厚半寸，脣寸。庾，實二㲄，厚半寸，脣寸。

【译文】

陶人制造甗，甗的容量是一斛二斗八升，壁厚半寸，甗口边缘的厚度是一寸。陶人制造的盆，其容量也是一斛二斗八升，壁厚半寸，盆口边缘的厚度是一寸。陶人制造的甑，其容量也是一斛二斗八升，壁厚半寸，甑口边缘的厚度是一寸，甑底有七个小孔。陶人制造的鬲，其容量是

五轂，壁厚半寸，鬲口边缘的厚度是一寸。陶人制造的庾，其容量是二轂，壁厚半寸，庾口边缘的厚度是一寸。

【原文】

瓬人

瓬人爲簋，實一觳，崇尺，厚半寸，脣寸。豆，實三而成觳，崇尺。凡陶瓬之事，髻、墾、薜、暴不入市。器中膞，豆中縣。膞崇四尺，方四寸。

【译文】

瓬人制造簋，其容量为一觳，高度为一尺，壁厚半寸，簋口边缘的厚度为一寸。瓬人制造的豆，其容量为四升，高度为一尺。凡是陶人、瓬人制造的成品，如果是缺腿的、有损伤的、有裂缝的、表面凸凹不平的，不许进入市中交易。陶人、瓬人制造的各种器具，其高度、厚度要合乎膞的标准；豆柄的直立，要合乎垂直线的要求。膞高四尺，四寸见方。

【原文】

梓人

梓人爲筍虡。天下之大獸五：脂者，膏者，羸者，羽者，鱗者。宗廟之事，脂者、膏者以爲牲，羸者、羽者、鱗者以爲筍虡。外骨，内骨，郤行仄行，連行，紆行，以脰鳴者，以注鳴者，以旁鳴者，以翼鳴者，以股鳴者，以胷鳴者，謂之小蟲之屬，以爲雕琢。

厚脣弇口，出目，短耳，大胷，燿後，大體，短脰，若是者謂之羸屬，恆有力而不能走，其聲大而宏。有力而不能走，則於任重宜；大聲而宏，則於鐘宜：若是者以爲鐘虡，是故擊其所縣，而由其虡鳴。鋭喙，決吻，數目，顅脰，小體，騫腹，若是者謂之羽屬，恆無力而輕，其聲清陽而遠聞。無力而輕，則於任輕宜；其聲清陽而遠聞，則於磬宜。若是者以爲磬虡，故擊其所縣，而由其虡鳴。小首而長，摶身而鴻，若是者謂之鱗屬，以爲筍。凡攫綱援簭之類，必深其爪，出其目，作其鱗之而。深其爪，出其目，作其鱗之而，則於眡必撥爾而怒。苟撥爾而怒，則於任重宜，且其匪色，必似鳴矣。爪不深，目不出，鱗之而不作，則必穨爾如委矣。苟穨爾如委，則加任焉，則必如將廢措，其匪色必似不鳴矣。

梓人爲飲器，勺一升，爵一升，觚三升。獻以爵而酬以觚，一獻而三酬，則一豆矣。食一豆肉，飲一豆酒，中人之食也。凡試梓飲器，鄉衡而實不盡，梓師罪之。

梓人爲侯，廣與崇方，參分其廣而鵠居一焉。上兩個，與其身三，下兩個半之。上綱與下綱出舌尋，縜寸焉。張皮侯而棲鵠，則春以功。張五采

之侯，則遠國屬。張獸侯，則王以息燕。祭侯之禮，以酒脯醢。其辭曰：「惟若寧侯，毋或若女不寧侯，不屬於王所，故抗而射女。强飲强食，詒女曾孫諸侯百福。」

【译文】

梓人制作筍虡。普天之下的大的禽兽有五类：即脂类（如牛羊）、膏类（如猪）、裸类（如短毛的虎豹）、羽类（即鸟类）、鳞类（如龙蛇）。宗庙的祭祀，以脂类、膏类的禽兽作为牺牲；至于裸类、羽类和鳞类，则用来雕饰筍虡。外有甲壳的（如乌龟），内有甲壳的（如老鳖），倒退行走的（如蚰蜒），横着行走的（如螃蟹），鱼贯而行的（如鱼类），弯曲行走的（如蛇类），用脖颈鸣叫的（如青蛙），用嘴鸣叫的（如蝾螈），用胁部鸣叫的（如蝉），用翅膀振动鸣叫的（如发皇），用大腿摩擦鸣叫的（如螽斯），用胸部鸣叫的（如灵龟），这些叫做小的昆虫，用来作为祭器上的雕饰。

厚唇深嘴，眼睛外鼓，耳朵短小，胸部宽大，尾巴细小，身体庞大，脖颈短粗，像这种样子的禽兽就叫做裸类。裸类禽兽总是很有力气而不能疾走，其声音大而洪亮。既然总是很有力气而不能疾走，那么就适合用于负重；既然声音大而洪亮，那么就适宜与钟声搭配。如果用这样的裸类禽兽作为钟虡上的雕饰，那么当你撞击筍虡上悬挂的钟时，你就会感到所发出的钟声就好像是虡上刻画的裸类禽兽在轰鸣。尖锐的嘴，张开的唇，眼睛细小，脖颈修长，体态小巧，腹部低陷，像这种样子的禽兽就叫做羽类。羽类禽兽总是没有力气而动作轻捷，其声音清扬而听得很

远。既然没有力气而动作轻捷，那么就适宜用来承担较轻的东西；既然其声音清扬而听得很远，那么就适宜与磬声搭配。如果用这样的羽类禽兽作为磬虡上的雕饰，那么当你敲击筍虡上悬挂的磬时，你就会感到所发出的磬声就好像是虡上刻画的羽类禽兽在鸣叫。头小而长，体圆而均，像这种样子的禽兽就叫做鳞类，用它们作为钟筍、磬筍上的雕饰。凡是在筍虡上雕刻凶狠嗜杀的猛兽，一定要深藏其爪，使其眼睛突出，让它的鳞片和胡须都挺立起来。深藏其爪，使其眼睛突出，让它的鳞片和胡须都挺立起来，那么让人看起来就一定是勃然大怒的样子。如果是勃然大怒的样子，那就适合用于负重；再加上彩色的描绘，真像是猛兽在鸣叫。如果在雕刻时没有深藏其爪，没有使其眼睛突出，没有让它的鳞片和胡须挺立起来，那么让人看起来就必然是委靡不振的样子。如果是委靡不振的样子，还要让它去负重，那就好像是要把它压趴似的，在这种情况下，即令有彩色的描绘，也一定不像是鸣叫的样子。

梓人制作饮酒的器具，勺容一升，爵容一升，觯容三升。主人向客人献酒时用爵，而主人向客人劝酒时用觯，用一升的爵来献酒而用三升的觯来劝酒，加起来就是一豆了。吃一豆肉，喝一斗酒，这是一般人的饭量。凡是检验梓人制作的饮酒器具是否合格，可以拿爵来试饮，如果爵上的两根小柱指向眉毛而爵中还有余沥，那就表明不合格，梓师就要处罚制作此器的梓人。

梓人制作箭靶，箭靶的宽度与高度相等，鹄的大小则是箭靶的三分之一。箭靶的上方有身，身的上方有个，个长为身长的两倍；箭靶的下方也有身，身的下方也有个，但下个的伸出部分

只是上个伸出部分的一半。上边的纲绳与下边的纲绳超出舌的长度均为八尺，穿纲绳的纽襻长一寸。张设皮侯，并设置皮制的靶心，天子在春季举行大射，看群臣中谁射中得多。张设涂有五种色彩的布侯，天子在远方诸侯前来朝会时举行宾射而用之。张设兽侯，天子与群臣宴饮举行射礼时使用之。祭侯的礼仪，以酒脯醢三样东西作为祭品。祭辞是：「你们这些安分守己的诸侯，不像有些不安分守己的诸侯，他们不到天子所在的地方朝会，所以把他们举起来当做箭靶来射。你们这些安分守己的诸侯，尽量地享用祭品吧，祝你们的后世子孙世为诸侯，诒福无穷。」

【原文】

廬人

廬人爲廬器。戈柲六尺有六寸，殳長尋有四尺，車戟常，酋矛常有四尺，夷矛三尋。凡兵無過三其身，過三其身，弗能用也而無已，又以害人。故攻國之兵欲短，守國之兵欲長。攻國之人衆，行地遠，食飲飢，且涉山林之阻，是故兵欲短；守國之人寡，食飲飽，行地不遠，且不涉山林之阻，是故兵欲長。凡兵，句兵欲無彈，刺兵欲無蜎。是故句兵椑，刺兵摶。毄兵同强，舉圍欲細，細則校。刺兵同强，舉圍欲重，重欲傅人，傅人則密，是故侵之。

凡爲殳，五分其長，以其一爲之被而圍之；參分其圍，去一以爲晉圍；五分其晉圍，去一以爲首圍。凡爲酋矛，參分其長，二在前，一在後而圍之；五分其圍，去一以爲晉圍；參分其晉圍，去一以爲刺圍。

凡試廬事，置而摇之，以眡其蜎也；灸諸牆，以眡其橈之均也；橫而摇之，以眡其勁也。六建既備，車不反覆，謂之國工。

【译文】

庐人制造兵器的柄。戈，连柄带刃的长度是六尺六寸；殳长一丈二尺；车上所执之戟，连柄带刃的长度是一丈六尺；酋矛，连柄带刃的长度是二丈；夷矛，连柄带刃的长度是二丈四尺。凡是兵器，其长度不能超过身体长度的三倍，如果超过身体长度的三倍，就不能使用；非但不能用来杀敌，反而还会伤害使用兵器的人。所以，在进攻他国时，使用的兵器要短一些；在守卫本国时，使用的兵器要长一些。进攻他国时所需人数众多，要走很远的路，吃的喝的都不充足，还要跋涉高山密林的险阻，所以使用的兵器要短一些。守卫本国时所需人数较少，吃的喝的都供应充足，要走的路也没多远，而且不需要跋涉高山密林的险阻，所以使用的兵器要长一些。凡是兵器，用于横击的兵器的柄，要求使用时在手中不要转动；用于直刺的兵器的柄，要求使用时不要弯曲。所以用于横击的兵器的柄都是椭圆的，用于直刺的兵器的柄都是正圆的。用于横击的兵器的柄，其两端与中间部分的坚劲程度要相同，手握持部位的直径要细，细的话使用起来就快；用于直刺的兵器的柄，其两端与中间部分的坚劲程度也要相同，但手握持部位的

直径要粗，持粗柄刺向敌人，刺中的精确度要高。基于这种原理，横击兵器和直刺兵器才能杀伤敌人。

凡制造殳柄，先将其长度分为五等份，以其五分之一作为手握部位并使其成为正圆形。再将手握部位的柄围分为三等份，以其中的二等份作为鐏围。再将鐏围分为五等份，以其中的四等份作为首围。凡制造酋矛的柄，先将其长度分为三等份，二等份在前端，一等份在后端作为手握部位并使其成为正圆形。再将其手握部位的柄围分为五等份，以其中的四等份作为鐏围。再将鐏围分为三等份，以其中的二等份作为刺围。

凡是要检验庐人所造柄的质量，首先可以将柄直插在地上摇动它，看它是否桡曲；其次将柄撑在两墙之间，看它桡曲的程度是否平均；最后将柄平放起来摇动，看它的强度怎样。插在车上的五种兵器和旌旗都已齐备，车行时它们也不摇来晃去，技术达到这个水平的工匠就叫做国工。

匠人

【原文】

匠人建國，水地以縣。置槷以縣，眡以景。爲規，識日出之景與日入之景。晝參諸日中之景，夜考之極星，以正朝夕。

匠人營國，方九里，旁三門。國中九經、九緯，經涂九軌。左祖、右

社；面朝後市。市、朝一夫。

夏后氏世室，堂修二七，廣四修一。五室，三四步，四三尺。九階。四旁兩夾窻，白盛。門堂三之二，室三之一。殷人重屋，堂修七尋，堂崇三尺，四阿，重屋。周人明堂，度九尺之筵，東西九筵，南北七筵，堂崇一筵，五室，凡室二筵。室中度以几，堂上度以筵，宫中度以尋，野度以步，涂度以軌。廟門容大扃七個，闈門容小扃參個，路門不容乘車之五個，應門二徹參個。內有九室，九嬪居之。外有九室，九卿朝焉。九分其國以爲九分，九卿治之。王宫門阿之制五雉，宫隅之制七雉，城隅之制九雉。經涂九軌，環涂七軌，野涂五軌。門阿之制，以爲都城之制。宫隅之制，以爲諸侯之城制。環涂以爲諸侯經涂，野涂以爲都經涂。

匠人爲溝洫。耜廣五寸，二耜爲耦，一耦之伐，廣尺、深尺謂之甽。田首倍之，廣二尺、深二尺謂之遂。九夫爲井，井間廣四尺、深四尺，謂之溝。方十里爲成，成間廣八尺、深八尺謂之洫。方百里爲同，同間廣二尋、深二仞謂之澮，專達於川。各載其名。

凡天下之地勢，兩山之間必有川焉，大川之上必有涂焉。凡溝逆地防，謂之不行；水屬不理孫，謂之不行。梢溝三十里而廣倍。凡行奠水，

磬折以參伍。欲爲淵，則句於矩。凡溝必因水勢，防必因地勢。善溝者水漱之，善防者水淫之。凡爲防，廣與崇方，其閷參分去一。大防外閷。凡溝防，必一日先深之以爲式，里爲式然後可以傅衆力。

凡任，索約大汲其版，謂之無任。葺屋參分，瓦屋四分。囷窌倉城，逆墻六分。堂涂十有二分。竇其崇三尺。墻厚三尺，崇三之。

【译文】

匠人营造都城，必先以准绳测量出一块平地，然后垂直地竖立起标杆，用来观察日影。然后以圭臬为圆心画一个圆，记下来日出时的影长和日入时的影长。白天参考正午时的影长，夜里参考北极星的位置，用这样的办法来测定东西南北。

匠人营造王国的都城，面积为九里见方，每边有三个城门。王城之内有九条横贯南北的大道和九条横贯东西的大道，这些大道的宽度都是九轨。王宫路门外的左边是宗庙，右边是社稷，前面是三朝，后面是三市。每个市和每个朝的面积都是百步见方。

夏后氏的世室，计有四堂五室，堂的长度是十四步，宽度是长度的一又四分之一。五室，除中央太室外，其余四室都是长三步四尺，宽四步三尺。世室的四面共有九个台阶。四堂分居四旁，每堂两侧各有一夹。所有的窗子均用白灰粉刷。门侧之堂的长度、宽度，是正堂的三分之一；门侧之室的长度、宽度，是正堂的三分之一。殷人的重屋，堂的长度是七寻，堂基的高度是三尺，也有四堂四室，其中央的太室是屋上架屋。周人的明堂，以九尺长的筵作为度量单位，堂的东西宽度是九筵，南北长度是七筵，堂基的高度是一筵，也有五室，每室的长与宽都是二筵。度量室内的距离以几为单位，度量堂上的距离以筵为单位，度量宫中的距离以寻为单位，度量野地的距离以步为单位，度量道路的宽窄以轨为单位。庙门的宽度是可以容下七根大的鼎杠，闱门的宽度是可以容下三根小的鼎杠，路门的宽度是容下并排的五辆乘车，应门的宽度是可以容下并排的三辆乘车。路寝后边有九室，那是九嫔居住的地方；路门之外有九室，那是九卿上朝处理政事的地方。将国家的政务分作九份，由九卿来分别治理。王宫宫门屋脊距地面的高度是五雉，宫墙角楼的高度是七雉，王城城墙角楼的高度是九雉。王城内横贯南北与横贯东西的大道宽九轨，环城大道宽七轨，城外野地的大道宽五轨。王宫宫门屋脊距地面的高度，用来作为天子子弟所封都城城墙角楼的高度；王宫宫墙角楼的高度，用来作为诸侯城墙角楼的高度。王城内的环城大道的宽度，用来作为诸侯都城内南北主干道的宽度；王城外野地大道的宽度，用来作为天子子弟所封都城的南北主干道的宽度。

匠人开通田间的水道。耜宽五寸，二耜并用谓之一耦。一耦所挖掘的水道，宽一尺、深一尺，叫做畎。一夫之田地头挖掘的水道是畎的二倍，宽二尺，深二尺，叫做隧。九夫之田为一井。井与井之间挖掘的宽四尺、深四尺的水道，叫做沟。十里见方为一成。成与成之间挖掘的宽八尺、深八尺的水道，叫做洫。百里见方为一同。同与同之间挖掘的宽一丈六尺、深一丈六尺的水

道，叫做浍。浍中的水直接流入大川，每条水道的水来自何处都要有所记载。

普天之下的地势都是这样，只要是两山之间就必有一条大川，而大川旁边必有道路可走。

凡是所挖之沟违背地之脉理，就会导致决口漫溢；凡是水流不顺，也会导致决口漫溢。没有开垦的土地上的水沟，每经三十里，其宽度就要增加一倍。凡是导引停滞的死水，其引沟要挖得多拐几道大角度的弯。如果要把流水蓄积为深渊，就要使水道的弯度小于九十度。凡是挖沟一定要顺着水势，筑堤一定要顺着地势。善于挖沟的人能够借助水势冲刷堤岸，善于筑堤的人能够借助流水带来的淤泥使堤防加厚。凡建造堤防，要使其底部的宽度与高度相等，而其上部的宽度要逐渐减少三分之一。大的堤防只在外侧减少其宽度。凡是挖掘水沟和建造堤防，一定要先搞清楚一人一天的工作量是多少并以之作为标准，然后测算出一里地需要多少个标准工作量，然后可以算出整个工程总共需要多少劳动力。

凡是用版筑筑墙，一定要用绳索勒紧夹板，如果勒得太紧，使夹板变形，就等于没用绳索。

草屋屋顶的高度是屋长的三分之一，瓦屋屋顶的高度是屋长的四分之一。圆形粮仓的墙、存粮地窖的墙、方形粮仓的墙以及城墙，其上端女墙的高度都是墙高的六分之一。堂下阶前的路，其中间比两边要高出路宽的十二分之一。宫中下水道的高度是三尺。如果墙的厚度是三尺，墙的高度就是厚度的三倍。

【原文】

車人

車人之事，半矩謂之宣，一宣有半謂之欘，一欘有半謂之柯，一柯有半謂之磬折。

車人爲耒，庛長尺有一寸，中直者三尺有三寸，上句者二尺有二寸。自其庛，緣其外，以至於首，以弦其内，六尺有六寸，與步相中也。堅地欲直庛，柔地欲句庛。直庛則利推，句庛則利發。倨句磬折，謂之中地。

車人爲車。柯長三尺，博三寸，厚一寸有半。五分其長，以其一爲之首。轂長半柯，其圍一柯有半。輻長一柯有半，其博三寸，厚三之一。渠三柯者三，行澤者欲短轂，行山者欲長轂；短轂則利，長轂則安。行澤者反輮，行山者仄輮；反輮則易，仄輮則完。六分其輪崇，以其一爲之牙圍。

柏車轂長一柯，其圍二柯，其輻一柯，其渠二柯者三。五分其輪崇，以其一爲之牙圍。

大車崇三柯，綆寸，牝服二柯有參分柯之二。羊車二柯有參分柯之一。柏車二柯。

凡爲輈，三其輪崇。參分其長，二在前，一在後，以鑿其鉤。徹廣六尺。鬲長六尺。

【译文】

车人制造的器具夹角为四十五度者谓之宣，夹角为一宣又半者谓之欘，夹角为一欘又半者谓之柯，夹角为一柯又半者谓之磬折。

车人制造耒，其下端的庇长一尺一寸，中间直的部分长三尺三寸，上端弯曲的部分长二尺二寸。从耒庇开始，顺着耒的外边往上量，一直量到耒的最上端，其长度为六尺六寸；而从耒庇到耒的最上端的直线距离则恰和一步相等。坚硬的土地，适宜用直庇；柔软的土地，适宜用句庇。直庇便于插进土内，句庇便于将土翻起。如果庇与中间直的部分构成磬折那样的夹角，那就适用于任何土地。

车人制造牛拉的车。作为长度单位的斧柄，长三尺，宽三寸，厚一寸半，将斧柄的长度分为五等份，以其中的一等份作为斧刃的长度。大车车毂的长度是半柯，车毂的周长是一柯半。车辐的长度是一柯半，宽三寸，厚是宽的三分之一。车辋的周长是三个三柯。行走于泽地的车子需要车毂短一些；行走于山地的车子需要车毂长一些。车毂短一些车子就走得快，车毂长一些车子就走得安稳。行走于泽地的车子，其轮牙要反輮；行走于山地的车子，其轮牙要侧輮。反輮的话，其轮牙就光滑不易粘泥；侧輮的话，其轮牙就坚韧不易损坏。将轮子的高度分为六等份，以其中的一份作为牙围的长度。

柏车的车毂长一柯，其毂围长二柯，其车辐长一柯，其车辋的周长是三个二柯。将轮子的高度分为五等份，以其中的一份作为牙围的长度。

大车车轮的高度是三柯，轮牙向外偏出一寸，车厢的长度是二柯又三分之二柯。羊车车厢的长度是二柯又三分之一柯，柏车车厢的长度是二柯。

凡是制作车辕，其长度一律是轮高的三倍。将车辕的长度分为三等份，二等份在前，一等份在后，在二等份与一等份的分界处凿出半月形的槽以衔住车轴，辙广八尺，轭长六尺。

弓人

【原文】

弓人爲弓。取六材必以其時。六材既聚，巧者和之。幹也者，以爲遠也；角也者，以爲疾也；筋也者，以爲深也；膠也者，以爲和也；絲也者，以爲固也；漆也者，以爲受霜露也。

凡取幹之道七：柘爲上，檍次之，檿桑次之，橘次之，木瓜次之，荆次之，竹爲下。凡相幹，欲赤黑而陽聲。赤黑則鄉心，陽聲則遠根。凡析幹，射遠者用勢，射深者用直。居幹之道，菑栗不迆，則弓不發。

凡相角，秋閷者厚，春閷者薄；稺牛之角直而澤，老牛之角紾而昔；

疢疾險中，瘠牛之角無澤。角欲青白而豐末。夫角之本蹙於腦而休於氣，是故柔，柔故欲其埶也，白也者，埶之徵也。夫角之中恒當弓之畏，畏也者必橈，橈故欲其堅也，青也者，堅之徵也。夫角之末遠於腦而不休於氣，是故脃，脃故欲其柔也，豐末也者，柔之徵也。角長二尺有五寸，三色不失理，謂之牛戴牛。

凡相膠，欲朱色而昔。昔也者，深瑕而澤，紾而摶廉。鹿膠青白，馬膠赤白，牛膠火赤，鼠膠黑，魚膠餌，犀膠黄。凡昵之類不能方。

凡相筋，欲小簡而長，大結而澤。小簡而長，大結而澤，則其爲獸必剽，以爲弓，則豈異於其獸？筋欲敝之敝。

漆欲測，絲欲沈。

得此六材之全，然後可以爲良。

凡爲弓，冬析幹而春液角，夏治筋，秋合三材，寒奠體，冰析灂。冬析幹則易，春液角則合，夏治筋則不煩，秋合三材則合，寒奠體則張不流，冰析灂則審環，春被弦則一年之事。

析幹必倫，析角無邪，斲目必荼。斲目不荼，則及其大修也，筋代之受病。夫目也者必强，强者在内而摩其筋，夫筋之所由幨，恒由此作，故角三液而幹再液。厚其帤則木堅，薄其帤則需，是故厚其液而節其帤。約之不皆約，疏數必侔。斲摯必中，膠之必均。斲摯不中，膠之不均，則及其大修也，角代之受病。夫懷膠於内而摩其角，夫角之所由挫，恒由此作。

凡居角，長者以次需，恒角而短，是謂逆橈，引之則縱，釋之則不校。恒角而達，辟如終紲，非弓之利也。今夫茭解中有變焉，故校；於挺臂中有柎焉，故剽。恒角而達，引如終紲，非弓之利也。

撟幹欲孰於火而無贏，撟角欲孰於火而無燂，引筋欲盡而無傷其力，鬻膠欲孰而水火相得，然則居旱亦不動，居濕亦不動。苟有賤工，必因角幹之濕以爲之柔，善者在外，動者在内，雖善於外，必動於内，雖善亦弗可以爲良矣。

凡爲弓，方其峻而高其柎，長其畏而薄其敝，宛之無已，應。下柎之弓，末應將興。爲柎而發，必動於閷。弓而羽閷，末應將發。

弓有六材焉，維幹强之，張如流水；維體防之，引之中參；維角定之，欲宛而無負弦，引之如環，釋之無失體，如環。

材美，工巧，爲之時，謂之參均；角不勝幹，幹不勝筋，謂之參均。量其力有三均：均者三，謂之九和。九和之弓，角與幹權，筋三侔，膠三鋝，

絲三邸，漆三斞。上工以有餘，下工以不足。

爲天子之弓，合九而成規；爲諸侯之弓，合七而成規；大夫之弓，合五而成規；士之弓，合三而成規。

弓長六尺有六寸，謂之上制，上士服之；弓長六尺有三寸，謂之中制，中士服之；弓長六尺，謂之下制，下士服之。

凡爲弓，各因其君之躬志慮血氣。豐肉而短，寬緩以荼，若是者爲之危弓，危弓爲之安矢。骨直以立，忿勢以奔。若是者爲之安弓，安弓爲之危矢。其人安，其弓安，其矢安，則莫能以速中，且不深。其人危，其弓危，其矢危，則莫能以愿中。

往體多，來體寡，謂之夾臾之屬，利射侯與弋。往體寡，來體多，謂之王弓之屬，利射革與質。往體、來體若一，謂之唐弓之屬，利射深。

大和無灂，其次筋角皆有灂而深，其次有灂而疏，其次角無灂。合灂若背手文。角環灂，牛筋蕡灂，麋筋庌蟆灂。

和弓轂摩。覆之而角至，謂之句弓；覆之而幹至，謂之侯弓；覆之而筋至，謂之深弓。

【译文】

弓人造弓。在获取造弓的六种材料时，一定要按照时令。六种材料齐备以后，由能工巧匠将它们装配在一起。弓干，是用来射得远的；角，是用来射得快的；筋，是用来射得深的；胶，是用来把干、角、筋粘到一起的；丝，是用来把干、角、筋缠得结结实实；漆，是用来抵御霜露侵蚀的。

可以用来作为弓干的木料共有七种，七种之中，柘木为最上等，其次是檍木，其次是山桑木，其次是橘木，其次是木瓜木，其次是荆条，最差的是竹子。凡是挑选用作弓干的木材时，要首选颜色赤黑并且敲击时其声清扬的。颜色赤黑，表明它靠近树心；其声清扬，表明它远离树根。凡剖析用作弓干的木料，如果想要射得远些，那就利用木料的自然弯曲形势；如果想要射得深些，那就利用直的木料。在加工用作弓干的木料时要切记，在锯开木料时不要斜锯，以免破坏纹理，这样制成的弓才不会扭曲变形。

凡是挑选牛角时，秋天宰杀的牛其角厚，春天宰杀的牛其角薄。童牛的角纹理直且有光泽，老牛的角纹理纠结而且干枯。病牛的角里边薄而不平，瘦牛的角没有光泽。牛角的颜色，最好是根部发白，中段发青，而末梢丰大。牛角的根部，由于离脑部近并且受到脑气的温润，所以柔软。因为柔软，所以就希望它有自然弯曲之势。而根部发白，正是这种自然弯曲之势的象征。

牛角的中段，总是附着在弓干的限上。而限上的角，在弓干张弛时一定要随之弯曲，所以就希望

角坚韧些。而中段发青，正是坚韧的象征。牛角的末端，由于离脑部远并且得不到脑气的温润，所以较脆。因为较脆，所以就希望它柔软些。而末端丰大，正是柔软的象征。如果角的长度达到二尺五寸，再加上根部发白、中段发青、末梢丰大这三点都符合要求，那就叫做一牛头上又戴着一牛。

凡是挑选胶时，要首选颜色大红而且干燥的。干燥的胶，裂痕很深且有光泽，纹理错乱而聚集棱角。用鹿角熬制的胶呈碧色，用马皮熬制的胶呈红色，用牛角熬制的胶呈火红色，用鼠皮熬制的胶呈黑色，用鱼鳔熬制的胶呈白中透黄之色，用犀角熬制的胶呈黄色。一般的黏合剂之类的黏性不能与这些胶相比。

凡是挑选筋时，如果是小筋，就要首选那些成条而长的；如果是大筋，就要首选那些圆润且有光泽的。如果小筋是长条状的，大筋是圆润且有光泽的，那么，产生这些筋的野兽一定是行动剽疾的，现在用这些野兽的筋来造弓，其剽疾的程度难道还会和野兽有什么两样吗？筋要捶打得熟之又熟。

漆以纯净透明者为好，丝以保持水湅时的颜色为佳。

能够做到使这六种原料尽善尽美，然后才可以造出良弓。

凡是造弓，宜于在冬天剖析弓干，在春天整治牛角，在夏天治筋，到了秋天，则用胶、漆、丝把干、角、筋这三种材料结合起来。初冬微寒时节，借助檠的帮助以固定弓体；隆冬结冰时节，将

弓反复张弛，使涂在弓隈上的漆皮产生裂纹，以观察漆的厚薄。冬天剖析弓干则表面光滑而密致，春天整治牛角则浸润，夏天治筋则不乱，秋天用胶、漆、丝把干、角、筋这三种材料结合起来就容易牢固。初冬微寒时节借助檠的帮助以固定弓体，到了张弓时弓体就不会走样；隆冬结冰时节，将弓反复张弛以观察漆的厚薄，就可以审视其环形纹理。来年春天再把弦绷上，到此为止，用了一年多的时间才算把弓制成。

剖析弓干时一定要顺着木的纹理，解析牛角时也一定要顺着角的纹理，砍削弓干上的节目时一定要慢悠悠地来。如果砍削节目时不是慢悠悠地来，等到弓干用得时间长了，筋就会因此而受到损伤。这是因为，节目这种东西一定是坚硬的，坚硬的东西在里边就会在不断摩擦当中损伤附在外边的筋，筋之所以皱起来，往往是由于这个原因而引起的。所以角要经过多次的整治，干也要经过多次的整治。帑太厚了就会导致弓干坚硬，帑太薄了又会导致弓干软弱。所以要反复地整治弓干并且使帑厚薄适中。弓帑部分要用生丝一圈一圈地挨着缠紧，弓帑外的部分就不需要这样地缠紧，只要等距离地缠上若干圈就行了。弓干一定要砍削得非常精致厚薄均匀，涂胶也一定要涂得厚薄均匀。如果弓干砍削得不够精致，厚薄不均匀，涂胶也涂得不均匀，等到弓用的时间长了，角就会因此而受到损伤。这是因为，厚薄不平的弓干和胶层在里面，会在不断摩擦当中损伤附在外边的角，角之所以断折，往往是由于这个原因而引起的。

凡处置角，长的角要用在弓隈处。如果整个角都用上还短于弓隈，那就会造成反向弯曲，这

样的话，开弓就缓慢，箭射出去的速度也不快。 如果整个角都用上而长于弓隈，甚或直达于箫，那就好像是把弓干捆绑到弓檠上，这可不会给弓带来什么好处。 而今因为弓隈所用之角与弓箫所用之角的长短皆恰如其分，能使弓臂与弓箫各用各的力，所以箭射出去的速度快； 因为在挺臂内侧嵌有骨片，所以箭射除去的速度快。 如果整个角都用上而长于弓隈，甚或直达于箫，那绝不会给弓带来什么好处。

矫煣弓干要掌握好火候而切忌过火，矫煣牛角也要掌握好火候而切忌烤烂，筋要绷紧而切忌过紧以至于把筋拉断，胶要熬得浓度、火候都恰到好处，这样制成的弓，放在干旱的地方不变形，放在潮湿的地方也不变形。 如果有那种偷工减料的弓人，一定会趁着牛角、弓干尚未干透的时候就在火上矫煣。 这样以来，外表看起来蛮好，而里边却隐藏着变形的因素； 虽然外表看起来不错，但迟早要从内部开始变形，虽然外表不错，也算不上是良弓。

凡制弓，弓箫要隆起而有棱角，弓柎的里面要突出，弓隈部位用的角要长，弓柎部位用的角要薄； 这样制成的弓，即令是无休止地一直引拉，也不会疲软。 如果是弓柎里面不突出的弓，弓箫一应弦吃力就会引起柎的扭曲。 因为柎的扭曲，必然牵动弓隈与弓柎相接之缝； 弓隈与弓柎相接处一动，则接缝宽缓，而力不相贯，箫应弦时，弓体上的角与干就会随之扭曲。

弓有六种材料，其中的弓干，要使它有力，做到张弓得心应手。 平时用弓檠来防止弓体变形，使用时去掉弓檠将弓引满则合乎三尺的标准。 用角来支撑弓隈，以期引弓时不使角与弦邪

背。 把弓引满时弓弦成为环状，松手以后弓体不变形，仍为环状。

材料优良，做工精巧，制作按照时令，这叫做三均。 角不妨碍干的功能，干不妨碍筋的功能，这也叫做三均。 测量弓的力度，也有三均。 三个三均加在一起，叫做九和。 制作一张九和之弓所用材料的数量是： 干用多少，角就用多少，筋用三倅，胶用三锊，丝用三邸，漆用三斞。 使用这些材料来制弓，对于上等工匠来说会有剩余，对于下等工匠来说会有不足。

制作天子的弓，九张弓可以围成一个圆； 制作诸侯的弓，七张弓可以围成一个圆； 制作大夫的弓，五张弓可以围成一个圆； 制作士的弓，三张弓可以围成一个圆。

弓长六尺六寸者，叫做大号的弓，由身材高大的勇士使用。 弓长六尺三寸者，叫做中号的弓，由身材中等的勇士使用。 弓长六尺者，叫做小号的弓，由身材较矮的勇士使用。

凡制弓，还要根据使用者的体形与秉性而有所不同。 体形矮胖，秉性迟缓，这样的人，要为他们制作剽疾的弓。 剽疾的弓则要有柔缓的箭与之相配。 瘦骨嶙峋，秉性急躁，这样的人，要为他们制作柔缓的弓。 柔缓的弓则要有剽疾的箭与之相配。 如果使用者秉性迟缓，再加上他用的弓柔缓，他用的箭柔缓，那就谈不上能够疾速地射中目标，而且退一步讲，就是射中也不会射深。 如果使用者秉性急躁，再加上他用的弓剽疾，他用的箭剽疾，那就谈不上能够稳当地射中目标。

弓体两端向外翘的弯度大，弓体中间部分向里弯的弯度小，这样的弓属于夹弓、臾弓之类，适合用来射靶和用系有绳子的箭来射飞鸟。 弓体两端向外翘的弯度小，弓体中间部分向里弯的

弯度大，这样的弓属于王弓之类，适合用来射革甲和砧板。弓体两端向外翘的弯度与弓体中间部分向里弯的弯度一样，这样的弓属于唐弓之类，适合用来射深。

九和之弓的漆皮没有裂纹；其次，筋角的漆皮都有裂纹，但裂纹在中央，两侧没有；其次，筋角的漆皮都有裂纹，但比较稀疏；其次，只有弓隈里侧没有裂纹，其他地方都有。把弓表弓里的漆皮裂纹合起来就好像人把手背的纹理相合，角上的裂纹呈环状，牛筋上的裂纹像是麻籽，麋筋上的裂纹像是尺蠖。

弓在使用之前，一定要先调试一下，拂去上边的灰尘，通体抚摸一遍，看看有没有裂痕。经过试射观察，在角、干、筋三种材料中，如果只有角达到要求，这样的弓叫做不堪使用的弓。经过试射观察，在角、干、筋三种材料中，如果不仅角达到要求，而且干也达到要求，这样的弓叫做射侯之弓；经过试射观察，在角、干、筋三种材料中，如果不仅角、干达到要求，而且筋也达到要求，这样的弓叫做射深之弓。